重庆市高等教育教学改革研究项目（2017年重大项目）–重庆市民办高校师资队伍建设研究与实践（项目编号：171029）

重庆市教育科学"十三五"规划2019年度项目（一般项目）–新时代重庆民办高校应用型师资队伍建设研究与实践（项目编号：2019-GX-469）

国家级一流本科专业建设点重庆财经学院会计学、金融学建设成果

崔中山 著

新时代民办高校师资队伍建设研究与实践

——以重庆市为例

西南财经大学出版社

中国·成都

图书在版编目(CIP)数据

新时代民办高校师资队伍建设研究与实践:以重庆市为例/崔中山著.—
成都:西南财经大学出版社,2023.6
ISBN 978-7-5504-5847-5

Ⅰ.①新… Ⅱ.①崔… Ⅲ.①民办高校—师资队伍建设—研究—重
庆 Ⅳ.①G648.7

中国国家版本馆 CIP 数据核字(2023)第 118827 号

新时代民办高校师资队伍建设研究与实践——以重庆市为例
XINSHIDAI MINBAN GAOXIAO SHIZI DUIWU JIANSHE YANJIU YU SHIJIAN——YI CHONGQING SHI WEILI
崔中山 著

责任编辑:李特军
责任校对:杨婧颖
封面设计:墨创文化
责任印制:朱曼丽

出版发行	西南财经大学出版社(四川省成都市光华村街55号)
网　址	http://cbs.swufe.edu.cn
电子邮件	bookcj@ swufe.edu.cn
邮政编码	610074
电　话	028-87353785
照　排	四川胜翔数码印务设计有限公司
印　刷	郫县犀浦印刷厂
成品尺寸	170mm×240mm
印　张	10.75
字　数	187 千字
版　次	2023 年 6 月第 1 版
印　次	2023 年 6 月第 1 次印刷
书　号	ISBN 978-7-5504-5847-5
定　价	78.00 元

前　言

　　2017 年 10 月 18 日，习近平总书记在党的十九大报告中作出重大判断"经过长期努力，中国特色社会主义进入了新时代，这是我国发展新的历史方位。"这个新时代，是承前启后、继往开来、在新的历史条件下继续夺取中国特色社会主义伟大胜利的时代。这个新时代，也是加快教育现代化，建设教育强国，办好人民满意的教育，为决胜全面建成小康社会、实现中华民族伟大复兴中国梦的时代。百年大计，教育为本；教育大计，教师为本。造就党和人民满意的高素质专业化创新型教师队伍，迫在眉睫。高等教育是教育的制高点，高校教师是制高点上的制高点。进入新时代，习近平总书记对教师队伍建设尤其是高校教师队伍建设更加关注，从高校教师地位、教师职责、建设意义等方面提出了一系列重要论述，指明了高校教师队伍的建设方向。2018 年 1 月 20 日印发的《中共中央 国务院关于全面深化新时代教师队伍建设改革的意见》，以习近平新时代中国特色社会主义思想为指引，准确对标新时代要求，紧扣教育发展和教师队伍建设的主要矛盾，描绘了新时代教师队伍建设的宏伟画卷，指明了新时代教师队伍建设改革的方向，从师德建设、培养培训、管理改革、教师待遇、保障措施等方面提出了一系列建设高素质教师队伍的政策举措。2020 年 12 月 24 日，教育部等六部门联合印发了《关于加强新时代高校教师队伍建设改革的指导意见》（以下简称《指导意见》），深入贯彻落实《中共中央 国务院关于全面深化新时代教师队伍建设改革的意见》和《深化新时代教育评价改革总体方案》，推进新时代高校教师队伍建设改革。《指导意见》聚焦高校内涵式发展，落实立德树人根本任务，明确新时代高校教师队伍建设的指导思想和目标任务；聚焦高校教师队伍建设关键领域和重点方面，提出高校教师发展支持系列举措。

根据教育部网站公布的信息，截至 2021 年年底，全国共有 3 012 所高校，其中民办高校 764 所，占高校总数的 25.37%；全国高校专任教师约 192 万人（1 913 817 人），其中民办高校专任教师约为 37 万人（369 605 人），占专任教师总数的 19.31%；全国高校普通本专科在校生人数约为 5 200 万人（52 026 834 人），其中民办高校在校生人数约为 923 万人（9 232 294 人），占在校生总数的 17.75%。从全国民办高校的数量、教师数量、在校生人数等方面来看，民办高等教育已经成为我国高等教育的重要组成部分，在为党育人、为国育才方面发挥了重要作用。随着近年来国家对高等教育发展规划战略布局的调整，民办高校承担了培养适应区域地方经济发展需要的应用型人才的重任。要促使民办高等教育真正转到服务地方经济发展、转到产教融合校企合作、转到增强学生就业创业能力上来，全面提高民办高等教育服务区域经济社会发展和创新驱动发展的能力，迫切需要建设一支高水平的民办高校教师队伍。

在国内外民办高校教师队伍建设的实践中，形成了较多的成功案例，尤其是美国、德国、日本等民办高等教育较为发达的国家，形成了较为完整和成熟的体系，值得我们学习和借鉴。由于我国民办高等教育起步较晚，办学水平和办学质量与公办高校存在较为明显的差距，同时在政府支持、政策扶持、社会认同等方面与公办高校也存在较大的差距，因此民办高校师资队伍的建设成效也与公办高校存在非常显著的差距。基于此，民办高校的师资队伍建设显得越发紧迫。重庆作为西部唯一的直辖市，在民办高等教育中始终跟随国家发展步伐，多年来民办高校数量、专任教师数量、在校生人数经历了从无到有、从少到多的变迁。截至 2021 年，重庆共有 74 所高校，其中民办高校 29 所，占高校总数的 39.19%；重庆高校专任教师 52 132 人，其中民办高校专任教师 14 783 人，占专任教师总数的 28.36%；重庆高校普通本专科在校生人数约为 1 309 071 人，其中民办高校在校生人数约为 370 612 人，占在校生总数的 28.3%。这些数据高于全国平均水平。通过分析重庆民办高等教育的现状，能够较好地展示、剖析我国民办高校师资队伍建设的经验和不足。本书选择了笔者主导、参与并亲眼见证发展的重庆财经学院这样一所具有鲜明的新财经、产教融合特色的民办高校作为个例，深度剖析该校近 5 年来师资队伍建设的探索和实践过程。

重庆市以及重庆财经学院的探索与实践仅仅是我国民办高等教育师资

队伍建设的一个缩影。本书也仅仅把重庆市部分民办高校在师资队伍建设上的一些主要实践和做法进行了不充分的总结，如果描述正确，是实践者的功劳；如果与实践有偏差或出现错误，则是笔者及写作团队的失误和对实践的认识不足所导致的，敬请读者谅解。

最后，本书能及时出版，与重庆工商大学副校长柏群教授、重庆财经学院校长吴华安教授对提升民办高校师资队伍能力和素养的执着信念和身体力行密不可分，也与写作团队中的滕学英老师、李倩老师、周广竹老师、郑旺老师等同仁的探索、实践和及时总结分不开，在此一并致谢。

崔中山

2023 年 6 月 27 日于重庆

目　录

1 绪论

1.1 研究背景与意义

1.1.1 习近平总书记关于"加强高校师资队伍建设"重要论述的时代背景

"一切划时代的体系的真正内容都是由于产生这些体系的那个时期的需要而形成起来的。"① "加强高校师资队伍建设"的提出源于时代的发展、社会的需要。国际形势风云变幻，思想文化的交流、交融、交锋日益频繁，各国对青年人才的渴求更加迫切。与此同时，中国特色社会主义进入了新时代，我们比历史上任何时期更接近实现中华民族伟大复兴。在这样的时代背景下，习近平总书记作出了"加强高校师资队伍建设"的重要论述。

1.1.1.1 世界范围内思想文化的交锋更为复杂

随着交通和通信的日益发达，各国之间交流交往的时空阻隔已逐渐缩小，甚至隐于无形，每个国家都是"地球村"里的一员，相互联系、相互依存。全球化这场由经济领域发端的深刻变革不断扩展到政治、文化、科技等各个领域。

（1）"交锋"带来的重要挑战

全球化使得各国各有特色的思想文化出现了前所未有的"热络"交流，引领着世界文化的发展。不同国家、不同民族之间思想文化的相互欣赏、相互交融是时代发展的必然，同时思想文化的交锋也不可避免，这种存在于文化间的斗争是客观的、复杂的。当前世界范围思想文化交流交融

---

① 马克思，恩格斯. 共产党宣言 [M]. 北京：中华书局，2011.

的新形势对加强高校师资队伍建设提出了严峻的挑战。高校的特殊角色决定了其始终是各种思想文化的"交流区"与意识形态的"角力场",其不仅要面对有形的交锋,还要经受更具威胁的隐性瓦解。各种"反马""非马"的论调或在明处聚集,或在暗处滋长,一些政治意识稍弱的教师很容易被"糖衣炮弹"所迷惑,导致其对社会主义产生反感,对共产主义产生怀疑,思想逐渐"西化",偏离正确方向。有时西方不良思潮还戴着学术研究的面具出现,如在社会主义核心价值观提出后不久,便有所谓的"学者"撰文称诸如自由、平等、民主等西方"普世价值"终于得到了肯定,将具有鲜明阶级性的社会主义核心价值观等同于西方资本主义的"普世价值"观,并借机宣扬自由主义、个人主义、利己主义等价值取向。如果高校教师没有深入探究其精神本质,仅被表象所影响,就容易落入资本主义的圈套,做出错误的价值选择。

(2)"交锋"召唤的建设要求

在这种新形势下,我国对加强高校师资队伍建设提出了新的要求。一方面,我们需要着重提高教师的洞察力和鉴别力。马克思提出:"如果事物的表现形式和事物的本质会直接合而为一,一切科学就都成为多余的了。"如同在意识形态领域,不良思潮往往善于伪装自己,打着社会主义的幌子干着资本主义的事,如果高校教师不加以辨析,就容易被其表象蒙蔽。为此,我们需要大力提高教师的洞察力和鉴别力,使其在面对各种思想文化时,能深入地挖掘真相、辨明假象,完成"从现象到本质、从不甚深刻的本质到更深刻的本质"的认识过程,能冷静地识别优劣,对正能量进行大力宣传和弘扬;善于发现各种反动思想文化,并主动抵制和批判。另一方面,我们需要着重培养一批敢于亮剑、勇于担当的意识形态"斗士"。高校师资队伍中需要有这样一些人,他们善于运用自己的学识旗帜鲜明地批判不良思想文化的攻击,使广大教师和学生认识到错误思潮的本质,从而自觉地抵制其消极影响。如学者王永贵撰写的《新自由主义思潮的真实面目》,剖析了所谓新自由主义的基本观点和"核心价值",揭露了其本质和不良影响,是对动摇主流意识形态的思想文化的果断"亮剑",有助于去伪存真、激浊扬清,维护国家意识形态安全。习近平总书记关于"加强高校师资队伍建设"的重要论述就是在此背景下作出的,他强调"意识形态工作是党的一项极端重要的工作","必须守土有责、守土负责、守土尽责"。

1.1.1.2　经济全球化背景下人才争夺更趋激烈

经济全球化是一个促进资源和生产要素在全球合理配置，使世界经济日益成为一个有机整体的过程，是世界经济发展的必然结果。由此带来的贸易自由化、生产国际化、资本全球化和科技全球化，都在很大程度上推动着世界生产力的发展，给各国带来了前所未有的机遇。

（1）"人才争夺"的严峻形势

机遇与挑战总是并存的。国际关系的基本形式是合作、竞争、冲突，其决定性因素则是各国的国家利益。在全球愈加频繁的交流合作下，各国都竭尽全力地维护本国利益，因而国家间的竞争日趋激烈，尤其表现在对人才的争夺上。习近平总书记在党的十九大报告中指出："人才是实现民族振兴、赢得国际竞争主动的战略资源。"西方资本主义国家深谙其理，凭借经济优势企图将其政治理念、价值观念、文化模式等带有浓厚意识形态性的思想输入我国，以达到淡化我国人才政治信仰和理想信念的目的。作为担负着重要使命的高校师资队伍，是高校不可或缺的人才，而在教师指导教育下的青年大学生，更是民族、国家发展最富生气的人才。因此，西方国家对这两个群体一直虎视眈眈，妄图通过意识形态的渗透来抢夺这一重要战略资源。尤其是信息全球化时代网络的飞速发展，给人们提供了符合现代节奏的生活方式的同时，也给西方国家制造了传播意识形态更为便利、快捷的机会，他们往往通过文字、图片、视频等载体或明或暗地宣扬"西方模式"，来影响高校教师和青年大学生的思想行为。

（2）"人才争夺"的应对之策

在高校教师和青年大学生成为争夺对象的背景下，习近平总书记作出了一系列"加强高校师资队伍建设"的重要论述，强调加强高校师资队伍建设要将理想、信念、教育放在首位，使教师学懂马克思主义理论，学透毛泽东思想和中国特色社会主义理论体系，在思想境界的提升中自觉树立崇高理想，为了国家、民族奉献自己的一生；要用社会主义核心价值观筑牢思想基础，使教师不仅认同社会主义核心价值观，能辨明各种错误思潮和不良思想，还能用行动践行社会主义核心价值观以引导青年大学生，从而激发青年大学生建功立业、贡献社会的主动性和积极性；要大力弘扬中华优秀传统文化、革命文化和社会主义先进文化，引导教师认识到中华文化博大精深、影响深远，中国的发展必须根植于中华优秀文化的土壤中，坚定教师的文化自信。高校师资队伍是高等教育事业发展的关键因素，"盖有非常之功，必待非常之人"，只有正确引导高校师资队伍，让他们牢记使命、尽心教育，才能培养出国家可以依靠、社会可以信任的青年大学生，才能使中国在全球化背景下人才争夺这场"战争"中赢得胜利。

1.1.2 习近平总书记关于"加强高校师资队伍建设"重要论述的主要内容

内容，即事物内在因素的总和；主要内容则是事物内部起重要作用的因素之和。习近平总书记在各种场合所作的关于"加强高校师资队伍建设"的重要论述立意深远、内涵丰富，既明确了高校师资队伍的重要地位，说明了高校师资队伍的神圣职责，又提出了师资队伍建设的总体遵循，强调了师资队伍建设的重要意义。研究习近平总书记关于"加强高校师资队伍建设"重要论述，必须科学把握其论述的主要内容。

1.1.2.1 关于高校师资队伍的地位

地位，是个人或群体在社会关系、社会格局中所处的位置，并由此显现出的对于社会的重要程度。关于高校师资队伍的地位，习近平总书记从人类进步、国家民族振兴、教育发展等方面进行了深刻论述。

（1）高校师资队伍之于人类进步

习近平总书记从人类进步角度论述了高校师资队伍的地位。2016 年 12 月，习近平总书记在全国高校思想政治工作会议上指出，"教师是人类灵魂的工程师，承担着神圣使命"。2018 年 9 月 10 日，习近平总书记在全国教育大会上强调，"人民教师无上光荣""教师是人类灵魂的工程师，是人类文明的传承者"。在人类不断发展进步的过程中，高校师资队伍塑造着青年大学生的思想，帮助其树立正确的价值取向，引导其继承发扬中华文明，为整个人类的进步贡献中国力量。同时，对于青年大学生个人的前途命运，高校师资队伍也发挥着重要影响。2014 年 9 月 9 日，习近平总书记在同北京师范大学师生代表座谈时指出，"一个人遇到好老师是人生的幸运"。高校师资队伍能做青年大学生成长成才的人生导师和健康生活的知心朋友，帮助其追寻精彩人生。

（2）高校师资队伍之于国家民族振兴

习近平总书记从国家、民族振兴角度论述了高校师资队伍的地位。2014 年 9 月 9 日，在同北京师范大学师生代表座谈时，习近平总书记谈道，"国家繁荣、民族振兴、教育发展，需要我们大力培养造就一支师德高尚、业务精湛、结构合理、充满活力的高素质专业化教师队伍，需要涌现一大批好老师""一个民族源源不断涌现出一批又一批好老师是民族的希望"。2019年3月，在学校思想政治理论课教师座谈会上，习近平总书记指出，实现中华民族伟大复兴，"思政课作用不可替代，思政课教师队伍责任重大"。发展中国特色社会主义事业需要源源不断的人才资源，高校师资队伍的不断完善，能为民族复兴培养更多有担当、有作为的青年大学生。2016年9月9日，在北京八一学校考察时，习近平总书记指出："党和国家事业发展需要一支宏大的师德高尚、业务精湛、结构合理、充满活力的高素质专业化教师队伍。"2017年3月4日，习近平总书记在看望参加政协会议的民进、农工党、九三学社委员时强调，"我国广大知识分子是社会的精英、国家的栋梁、人民的骄傲，也是国家的宝贵财富"。高校师资队伍作为知识分子的重要组成部分，是国家的"智力担当""创新担当"，能够起到推动国家事业发展、推动经济社会前进的作用。

（3）高校师资队伍之于教育发展

习近平总书记从教育发展角度论述了高校师资队伍的地位。2013年9月9日，在致全国广大教师的慰问信中，习近平总书记指出，"教师是立教之本、兴教之源"。2014年9月9日，习近平总书记同北京师范大学师生代表座谈时强调，"教育大计，教师为本""教育发展……需要涌现一大批好老师"。2015年9月10日，习近平总书记在给"国培计划（2014）"北京师范大学贵州研修班参训教师的回信中提道，"发展教育事业，广大教师责任重大、使命光荣"。高校师资队伍作为广大教师中的一员，在教育改革、教育扶贫等方面都大有可为，尤其在推动高等教育发展的进程中担任着不可或缺的重要角色。2018年5月2日，在同北京大学师生座谈时习近平总书记强调，"人才培养，关键在教师""教师队伍素质直接决定着大学办学能力和水平"。2019年3月18日，习近平总书记在学校思想政治理论课教师座谈会上指出，"办好思想政治理论课关键在教师"。师者，人之模范也，只有建设高素质的高校师资队伍，才能提高大学的办学治学水平，才能推动高等教育内涵式发展。

1.1.2.2　关于高校师资队伍的职责

职责，是从事某一职业的人为完成工作使命，所必须肩负起的一系列工作任务和工作责任。习近平总书记曾多次详细深入论述过关于高校师资队伍的职责，旨在告诫广大教师挑起该挑的担子，负起该负的责任。

（1）潜心"教书育人"

习近平总书记论述了高校师资队伍"教书育人"的职责。2014年5月4日，习近平总书记在北京大学师生座谈会上强调，"教师要时刻铭记教书育人的使命，甘当人梯，甘当铺路石，以人格魅力引导学生心灵，以学术造诣开启学术的智慧之门"。高校师资队伍不仅要当"学问之师"，将渊博的专业知识、丰富的人生学问传授给青年大学生，为学生搭建通往真理殿堂的桥梁；还要做"品行之师"，以自身端正的言行举止给学生做好榜样，帮助学生在潜移默化中树立良好的品德。"教书育人"是高校师资队伍最基本的职责，只有潜心"教书育人"，教师才不会在个人发展道路上偏离方向，才能保质保量地完成教学工作，才会让德育工作发挥应有的作用。

（2）当好"四个引路人"

习近平总书记论述了高校师资队伍"四个引路人"的职责。2016年9月9日，习近平总书记在北京市八一学校考察时强调，"广大教师要做学生锤炼品格的引路人，做学生学习知识的引路人，做学生创新思维的引路人，做学生奉献祖国的引路人"。在青年大学生追逐梦想的途中，高校师资队伍要教会他们以德正身、锤炼品格，做一个高尚的人；要教会他们学会学习、汲取知识，做一个有才智的人；要教会他们勇于尝试、敢于创新，做一个进取的人；要教会他们奉献青春、以己效国，做一个有用的人。高校师资队伍当好"四个引路人"，是青年大学生在成长过程中少走弯路、不走歪路的必要之策。

（3）努力成为"三者一人"

习近平总书记论述了高校师资队伍"三者一人"的职责。2016年12月，在全国高校思想政治工作会议上，习近平总书记谈道，高校教师要"努力成为先进思想文化的传播者、党执政的坚定支持者，更好担起学生健康成长指导者和引路人的责任"。高校思想政治工作事关重大，需要高校师资队伍善于辨明是非，分清社会中纷繁复杂的思想文化的好坏，大力弘扬中华优秀文化和社会主义核心价值观，坚决抵制不良思潮和西方意识形态的渗透；需要高校师资队伍坚定站在党的立场上，为党的伟大事业服务，向青年大学生宣传党的路线、方针、政策，凝聚更多优秀学生到党的旗帜下；需要高校师资队伍在充满诱惑和挑战的环境中，引领学生健康成长、实现价值。高校师资队伍努力成为"三者一人"，有利于推动高校思想政治工作取得良好的效果。

（4）牢记"三传播三塑造"

习近平总书记论述了高校师资队伍"三传播三塑造"的职责。2018 年 9 月 10 日，在全国教育大会上，习近平总书记指出，"教师承载着传播知识、传播思想、传播真理，塑造灵魂、塑造生命、塑造新人的时代重任"。高校师资队伍的教育对象不是冰冷的机器，不是静止的书本，而是活生生的青年大学生，他们有着多变的思想、跳跃的思维，因而教育不光要提高学生的知识素质，使学生变得"有文化"，更要塑造学生的内在思想灵魂、规范学生的外在语言行为，以培养出德智体美劳各方面都优秀的人。在新时代条件下，高校师资队伍应牢记"三传播三塑造"，才能培养出更多有能力担当大任的时代新人。

1.1.2.3 关于师资队伍建设的总体遵循

总体遵循，是指某项活动进行中所必须要遵照的、遵守的规范，其中包括原因、目标等。关于师资队伍建设的总体遵循，习近平总书记作出了相关论述，既包括前进的总体方向，也包括坚持"四个统一"原则和实现"四个有""六个要"目标。

（1）遵循的总体方向

关于师资队伍建设的总体方向，习近平总书记从知识分子、广大教师、宣传思想工作队伍、思想政治理论课教师队伍等角度作出了论述。2013 年 9 月 9 日，习近平总书记在致全国广大教师的慰问信中提道："各级党委和政府要提升教师素质，改善教师待遇，关心教师健康，维护教师权益，充分信任、紧紧依靠广大教师，支持优秀人才长期从教、终身从教。"2016 年 4 月 26 日，在知识分子、劳动模范、青年代表座谈会上，习近平总书记指出，"各级党委和政府要切实尊重知识、尊重人才，充分信任知识分子，努力为广大知识分子工作学习生活创造更好条件"。作为从事教师职业的知识分子，其承担着神圣的使命职责，理应得到充分的尊重和重视，享有更适宜的工作生活条件。2018 年 8 月 21 日至 22 日，习近平总书记在全国宣传思想工作会议上强调，"努力打造一支政治过硬、本领高强、求实创新、能打胜仗的宣传思想工作队伍"，要求宣传思想干部能够不断锻炼"脚力"、提高"眼力"、提升"脑力"、增强"笔力"。2018 年 9 月 10 日，习近平总书记在全国教育大会上指出，"教育投入要更多向教师倾斜，不断提高教师待遇""对教师队伍中存在的问题，要坚决依法依纪予以严惩"。教育改革既要为广大教师营造良好的成长环境，促进其成长，又要规定严格的约束惩罚，规范其言行。2019年3月18日，在学校思想政治理论课教师座谈会上，习近平总书记提出推动思政课改革要坚持"政治性和学理性相统一""价值性和知识性相统一""建设性和批判性相统一""理论性和实践性相统一""统一性和多样性相统一""主导性和主体性相统一""灌输性和启发性相统一""显性教育和隐性教育相统一"，要求各级党委高度重视教师队伍建设。

（2）遵循的基本原则

关于师资队伍建设的基本原则，习近平总书记作出了坚持"四个统一"的论述。2016年12月7日至8日，在全国高校思想政治工作会议上，习近平总书记谈到加强高校师资队伍建设时提出了坚持"四个统一"的基本原则，要求高校教师"坚持教书和育人相统一""坚持言传和身教相统一""坚持潜心问道和关注社会相统一""坚持学术自由和学术规范相统一"。高校师资队伍的师德师风关乎教师的使命承担、关乎学生的成长成才，总体来说队伍的师德师风状况是向好的，但也应看到在复杂的现实情况中教师师德师风出现的种种问题，这就要求引导教师必须遵循"四个统一"的基本原则，尽心尽力教书育人，坚持不懈问道求索，弘扬师德、纯净师风，在教育学生的过程中不断加强自我修养，使自己能配得上"灵魂工程师"的美誉。

（3）遵循的目标要求

关于师资队伍建设的目标要求，习近平总书记作出了实现"四个有""六个要"目标的论述。"好老师没有统一的模式，可以各有千秋、各显身手，但有一些共同的、必不可少的特质。""四个有"是2014年9月9日习近平总书记在同北京师范大学师生代表座谈时提出的目标，他希望每个教师都能成为"有理想信念""有道德情操""有扎实学识""有仁爱之心"的好老师。"六个要"是2019年3月18日习近平总书记在学校思想政治理论课教师座谈会上提出的目标，他要求思政课教师"政治要强""情怀要深""思维要新""视野要广""自律要严""人格要正"。师资队伍中的每个老师都是独特的个体，都有自己的教育理念和教育方式，共同特质并不是要求每个老师都必须用某一套教育方法去教育学生，每个老师都可以充分发挥自己的个性，但个性彰显的旨归是必须达到"四个有""六个要"的目标要求，这是无论怎样都不能改变的。

1.1.2.4 关于师资队伍建设的重要意义

意义，指某一事物存在的作用和价值。师资队伍建设的重要意义，即师资队伍建设这一工程的时代价值和社会影响，就此，习近平总书记从助推大学建设、助力教育事业、传承人类文明等方面作出了不少重要论述。

（1）助推大学建设

习近平总书记从助推大学建设方面对师资队伍建设的重要意义作出了论述。2018年5月3日，在北京大学师生座谈上，习近平总书记指出，"建设政治素质过硬、业务能力精湛、育人水平高超的高素质教师队伍是大学建设的基础性工作"。所谓大学者，非谓有大楼之谓也，有大师之谓也。若空有大楼、欠缺大师，是无法支撑大学发展的。打造举世闻名的一流大学是高等教育"双一流"建设的目标之一。一流大学不仅要有现代化的教学设施、优良的科研设备、和谐的校园环境等硬件做基础，更要有高素质的师资队伍、专业化的科研团队等软件做支撑，"软""硬"结合，"大楼"加"大师"，才能建成有实力、有特色的高等学府，因此，师资队伍建设对助推大学建设有重要意义。

（2）助力教育事业

习近平总书记从助力教育事业方面对师资队伍建设的重要意义作出了论述。2014年9月9日，习近平总书记在同北京师范大学师生代表座谈时强调，"努力培养造就一大批一流教师，不断提高教师队伍整体素质，是当前和今后一段时间我国教育事业发展的紧迫任务"。2018年9月10日，习近平总书记在全国教育大会上谈到教育改革发展的新理念新思想新观点，其中一点即"坚持把教师队伍建设作为基础工作"。2022年我国大约有1880万专任教师，因地区差异、办学条件差异等，教师管理、待遇等各方面情况参差不齐，再加上国内外变幻莫测的形势影响，因此我们必须重视和加强师资队伍建设，只有突出其基础性和紧迫性，进一步推进教育改革，才能让教育事业更上层楼。

（3）传承人类文明

习近平总书记从传承人类文明方面对师资队伍建设的重要意义作出了论述。2014年3月27日，习近平总书记在联合国教科文组织总部发表演讲时谈道，"我们要积极发展教育事业，让教育为文明传承和创造服务"。师资队伍建设作为教育事业发展中的关键环节，它的巩固和加强有利于培育一批又一批知识涵养高、文化修养高、能力水平高的优秀教师。广大教师在教书育人的过程中，一方面要将灿烂的人类文明传授给学生，让学生学习文明、了解文明、尊重文明；另一方面要引导学生大力弘扬和传播文明，让人类文明顺利延续。同时，师资队伍在科学研究中对人类文明不懈探索，在新的历史条件下不断丰富人类文明，有利于文明创造，构建一个更加美好的人类社会。

1.1.3 研究意义

民办高校作为高等教育改革的探索者，具有公办高校所缺少的体制和机制的灵活性，其对师资队伍建设进行深入研究和大胆探索，必将为我国高等学校师资队伍的健康、快速发展提供有益的理论和实践借鉴。

1.1.3.1 理论意义

我国民办高校正处于从单纯的规模扩张逐渐转向内涵式发展的历史阶段，即民办高校从自身的师资力量、科研水平、战略地位等方面谋求发展，从而形成具有前瞻性的发展趋向与综合实力，而不是仅仅注重自身物质建设的扩大。民办高校师资力量的建设尤为重要，其在民办高校内涵式发展的进程中起着主导性的作用。本书通过对民办高校师资队伍建设相关理论的梳理，深化了民办高等教育、人力资源管理的相关理论，为民办高校内涵式发展提供理论基础。

1.1.3.2 实践意义

国务院在《关于建设民办教育的若干意见》中指出："大力加强教师队伍建设，全面提升教师师德素养和业务能力水平，吸引各类高层次人才到民办学校任教。"本书通过对重庆市民办高校师资队伍现状的分析，为重庆乃至全国的民办高校师资队伍建设提供参考；结合重庆财经学院在师资队伍建设方面的实践，探索民办高校师资队伍建设的差异化、特色化举措，为我国民办高校的健康发展提供一定的参考，具有示范和推广的意义与价值。

1.2 基本概念界定

民办高等教育是中国高等教育的重要组成部分，经过了 40 多年的不断发展，民办高等教育经历了萌芽期、整顿期、规范期的发展历程，自 2017年以后，随着新版《民办教育促进法》的颁布和实施，民办高校与公办高校在法律上拥有了同等地位。高校招生比例结构中，民办高校是重要的组成部分，2016 年高校共计招生 930.4 万人，民办高校招生数为 181.79 万人（占比 19.54%）。纵观 2016 年本科招生率（普通高校+民办高校）仅为 53.86%，其中民办高校本科招生率为 10.73%，是重要的贡献主体。民办高校在中国高等学校所占的比重也在不断提高。其中 2016 年我国共有高等院校 2 596 所，其中公办高等院校 1 854 所，民办高校 742 所（占比 28.6%），而 2006 年民办高校仅占 14.8%，民办高校比重逐步提升，可见民办高校的发展空间和潜力还是比较大的。在此，有必要对基本概念逐一对比厘清。

1.2.1 普通高校、民办高校、独立学院

1.2.1.1 普通高校

普通高等学校是指按照国家规定的设置标准和审批程序批准举办的，通过全国统一招生考试，招收高级中等学校毕业生和具有同等学力者，实施高等教育，培养高等专门人才的全日制学校。普通高等学校包括三类院校大学，即本科学校、独立设置的学院和高等专科学校、高等职业学校及其他机构独立学院和分校、大专班。

1.2.1.2 民办高校

根据我国《社会力量办学条例》的规定，"社会团体、企事业单位、公民以及其他一切社会团体可以利用不包括国家财政经费在内的资金创办学校或者设立教育机构"，因此得出结论，民办高校不需国家投资，是由个人、企业或社会团体出资设立的学校。通过对上述文字的理解可知，我国的民办高校大体可分为四种类型：第一是普通民办本科高校；第二是公办高校下设的独立学院；第三是公办和民办共同出资的高校；第四是不具备学历颁发资格但政府审批通过的民办教育机构。民办高校是中国高等教育的一部分，相比于公办高校强大的实力，其自身具有明显不同于公办高校的特点，具体如下：第一，办学主体和投资方式的多样化；第二，办学体制的市场经营化；第三，管理模式的弹性化；第四，员工劳动关系的合同化；第五，教师队伍的多样化；第六，自主办学的特色化；第七，招生对象的广泛化等。

本书对民办高校的界定是国家有关机构出资办学以外的社会组织或者个人依据国家有关法律规定筹办并享有（全部或大部分）产权，面向社会招生的高等本专院校。以盈利为目的是其主要的办学目的之一。这些学校

包括在我国参加全国普通高校招生录取的全日制民办高校，以及不能参加全国普通高校招生录取但是从事学历教育的民办高校和从事非学历教育的民办教育机构等。

1.2.1.3 独立学院

独立学院是极具中国特色的一种高等教育办学模式。

1999 年，独立学院的前身"国有民办二级学院"发源于浙江、江苏等地出现。2003 年，教育部印发《关于规范并加强普通高校以新的机制和模式试办独立学院管理的若干意见》（简称教育部 8 号文件）给出了独立学院的概念，独立学院是"专指由普通本科高校按新机制、新模式与社会力量合作举办的本科层次的二级学院"。一些普通本科高校按照公办机制和模式建立的二级学院、分校或者其他类似的二级办学机构不属于独立学院范畴。2008 年，教育部颁布了《独立学院设置与管理办法》（简称教育部 26 号令），明确指出，"独立学院，是指实施本科以上学历教育的普通高等学校与国家机构以外的社会组织或者个人合作，利用非国家财政性经费举办的，以实施本科学历教育为主的高等学校"。本书中关于独立学院的定义采取教育部 26 号令对独立学院概念的规范界定。

独立学院在实际办学过程中，主要表现出"民、独、优"的显著特点。第一，独立学院民办特性主要体现在其发展、建设所需经费及相关支出，主要由企业组织、社会团体等合作方来承担或以民办机制筹措，资金来源渠道明显不同于公办高校；第二，教育部 8 号文件明确规定，一所规范的独立学院必须满足"七个独立"的特征，保证办学的独立性和自主性；第三，独立学院作为一种"民办公助"的新型办学模式，相较于纯粹的民办高校而言，独立学院在办学过程中可以依靠母体公办院校的优秀教师队伍和成熟的管理经验，较好地保证了独立学院的快速发展。此外，独立学院在确定校名的时候，通常用"母体公办高校+某某学院"来冠名；凭借其母体高校的社会名声和声誉，在一定程度上也消除了投资者的顾虑，在吸收社会资金和其他合作力量方面也有明显的优势。

截至 2017 年 12 月，全国共有 260 所独立学院。2014 年 2 月，国务院常务会议提议推动一批普通本科高校转设为应用型高校。2014 年 6 月，教育部等六部门印发的《现代职业教育体系建设规划（2014—2020 年）》鼓励独立学院定位为应用技术类型高校。由此，独立学院转型发展为"应用技术大学"的话题迅速成为研究重点。

1.2.2 应用型大学、研究型大学

《国际教育标准分类》（International Standard Classification of Education，ISCED）是联合国教科文组织（UNESCO）于 1976 年根据 1958 年第十届大会通过的关于国际教育统计标准的建议而制定的。它的主要目的是使各会员在国内和国际间收集、整理和提供教育统计资料时有一个国际通用的适当工具，便于在国际间编制和比较各种教育资料。这个标准分类和国际劳工局制定的《国际职业分类法》相似。但《国际教育标准分类》侧重于教育方面，《国际职业分类法》则侧重于人力使用方面。1994 年、1995 年和 1996 年总干事分别召开了几次专家会议，起草并审议了修订稿，一个由埃塞俄比亚、法国、荷兰，还有经济合作与发展组织、欧共体统计办公室、教科文组织秘书处的统计处以及教育部门的专家和来自世界各地区专家组成的工作组从 1995 年 12 月到 1996 年 6 月定期开会对《国际教育标准分类法》中的概念框架和各个等级的定义进行修订。最终的修订稿于 1997 年由联合国教科文组织第 29 届大会审议通过。

根据这个分类，高等教育包括第 5 级和第 6 级教育。第 5 级教育包括大专、本科、研究生三个层次，又被分为 5A 和 5B 两种类型。5B 教育学习年限较短，一般为 2~3 年，为实用技术性教育，相当于我国目前的高职高专教育，但并不限于专科层次。5A 教育学习年限较长，一般为 4 年以上。5A 教育又被进一步细化，分为 5A1 和 5A2 两种类型。5A1 是按学科分设专业，为进一步研究做准备的教育；5A2 是按大的技术领域（或行业、产业）分设专业，适应高科技要求的应用性专门教育。归纳上述分类得出：5A1、5A2 和 5B 三种类型的教育分别对应的是研究性教育、应用性教育、实用性教育。我们可以认为《国际教育分类法》对教育的分类，是在世界范围内高等教育实践基础上的总结，是应用性教育建立和进一步发展的理论依据。

1.2.2.1 应用型大学

应用型大学，也称应用型高校或应用技术大学，是高等学校的一种类型。应用型大学的定义方式有两种：从大学分类角度下定义，或者直接下定义。

从大学分类角度下定义的主要代表是潘懋元和陈厚丰。潘懋元依据人才培养的类型，将高等学校分为三种基本类型：第一类是综合性研究型大

学，以基础学科和应用学科（专业）为主，研究高深学问，培养拔尖创新的研究人才；第二类是专业性应用型的多科性或单科性的大学或学院，以各行各业有关的应用学科（专业）为主，学习研究专门知识，培养应用性高级专门人才，将高新科技转化为生产力（包括管理能力、服务能力）；第三类是职业性技能型高等院校（高职高专），以各行各业实用性职业技术专业为主，培养在生产、管理、服务第一线从事具体工作的技术人才。陈厚丰根据高等学校履行社会职能的情况及其产出比重，纵向将我国的高等学校划分为研究型、教学研究型、教学型和应用型四类。研究型高校全面履行人才培养、科学研究和社会服务三大职能，负责培养"拔尖创新人才"，主要授予博士和硕士学位；教学研究型高校主要履行人才培养和科学研究两项职能，培养"高级专门人才"和少量"拔尖创新人才"，主要授予硕士学位和学士学位；教学型高校主要履行人才培养和教育教学研究职能，培养"高级专门人才"，主要授予学士学位和少量专业硕士学位；应用型高校主要履行应用型、技能型人才培养职能，主要授予专科文凭、职业资格证书和部分本科文凭。

直接下定义的大致有以下几种观点：①中国教育科学研究院课题组在《欧洲应用技术大学国别研究报告》中，将应用型大学（universities of applied sciences）定义为一种与普通大学并行、以专业教育为主导和面向工作生活的教育类型，是我国教育体系的重要组成部分，肩负培养高层次技术应用型人才、开展应用科学研究与技术创新、服务就业和区域发展及促进终身学习等多重使命。②中国应用技术大学（学院）联盟和地方高校转型发展研究中心联合发布的《地方本科院校转型发展实践与政策研究报告》认为，应用型高校是基于实体经济发展需求，服务国家技术技能创新积累，立足现代职业教育体系，直接融入区域产业发展，集职业技术教育、高等教育、继续教育于一体的新型大学类型。③刘海峰、顾永安认为，应用型高校是以应用科技为特色，以服务地方（行业）为主旨，以产学研一体化、校企合作育人为人才培养模式的一类高校。④刘彦军将应用型高校定义为，一类为适应和满足我国新时期经济社会发展需要而产生，与其他普通本科高校并行和等值，以科学知识和技术成果的应用为导向进行办学，为社会培养高层次技术技能人才的高等学校。从以上定义中可以看出，应用型高校有三个主要特征：定位于应用型人才培养；侧重科学知识和技术成果的应用研究；以促进就业创业和区域经济社会发展为导向。

而且，应用型高校与应用型人才和应用型教育关系密切。

因此，本书把应用型高校定义为：不同于研究型大学和高职高专院校，以培养本科及以上次层次的应用型人才为目标，侧重应用研究，以服务地方经济社会发展为导向的实施应用型教育的高等院校。

1.2.2.2　研究型大学

国内外最早的研究型大学可以追溯到1810年成立的德国柏林大学。在引进德国经验的基础上，1876年约翰霍普金斯大学的成立是美国高等教育史上的一个转折点，为美国其他研究型大学提供了新的典范。20世纪90年代成立的美国大学协会被认为是研究型大学发展进程中的里程碑。在全球范围内，像哈佛大学、剑桥大学等顶级学府都归属于研究型大学。这些大学的知识创新和人才培养方面在全世界范围内具有重要影响。特别是随着工业文明的到来，技术的变革对知识更新的需求催生了研究型大学这样一种典型的现代大学样态，使得研究型大学成为知识创新的主要基地。而对于研究型大学的概念，国内外学者尚没有统一的论述与划分标准。表1-1总结了目前国内外关于研究型大学代表性的定义。从多种定义可以看出，研究型大学就是以科学研究、应用和人才培养为核心，进而推动社会知识更新和科技进步的一种大学类型。2002年，由学者武书连领衔的《中国大学评价》课题组发表了中国研究型大学的评价标准：将全国所有大学的科研得分按降序排列，并从大到小依次相加，直至得分累计超过全国大学科研得分的61.8%为止，此过程中参与相加的大学是研究型大学。当然，这种评价标准是硬性的，研究型大学是一个不断发展的概念，随着中国大学整体研究水平的提高而必将有所改变。

表1-1　国内外研究型大学代表性概念

作者	时间	定义
美国卡内基教学促进基金会	1973年	研究型大学是指以研究为重点、开展高层次研究教育并以拥有可观的研究经费来体现其核心素质和竞争力的大学
世界银行和联合国教科文组织特别工作组	2001年	研究型大学更关注科学研究、新知识的增长、不同学科领域的新突破和研究成果的应用
王战军	2003年	研究型大学注重知识的生产、传播和应用，目标是产出高水平研究成果和培养高层次人才，为社会发展、经济建设、科教进步做出重要贡献

表1-1（续）

作者	时间	定义
Altbach, P. G.	2009 年	致力于在一系列学科和领域中创造和传播知识的学术机构，并以适当的实验室、图书馆和其他基础设施为特色，进行最高水平的教学和研究

1.2.3　教师、教育工作者、教辅人员

1.2.3.1　教师

根据《中华人民共和国教师法》第一章第三条：教师是履行教育教学职责的专业人员，承担教书育人，培养社会主义事业建设者和接班人，提高民族素质的使命。高校教师应具备知识、能力和职业道德"三要素"。当代高校教师的知识结构主要由所教学科的专业知识、相关学科的基本知识和教育科学的理论与技能三个层次组成；高校教师的能力结构由教学能力、治学能力、研究能力、适应能力和实践能力等几个方面组成；而忠于人民教育事业、为人师表、学而不厌、海人不倦等则构成了当代高校教师职业道德等显著特点。

1.2.3.2　教育工作者

教育工作者是指从事与教育有关的各级领导、专家、研究人员、教师以及各级各类学校工作人员、教育机构管理人员，教学辅助人员和其他专业技术人员的总称。教育工作者的主体是教师。

1.2.3.3　教辅人员

教辅人员是高等学校专业工作人员之一。教学辅助人员一般指系、科实验室的实验员，资料室的资料员，教学科研秘书等。其主要任务是协助主讲教师工作，起辅助教学科研的作用。

1.3　研究目标、思路与方法

1.3.1　研究目标

本书通过对重庆市 26 所民办高校师资队伍现状的调查分析，衡量和甄别各民办高校师资队伍结构的差异，发现重庆市民办高校师资队伍建设中

存在的关键性问题；构建了包含师资引进、师资培养、考核、薪酬体系四个维度的民办高校师资队伍建设与管理体系，进一步结合重庆财经学院师资队伍建设的实践，探索民办高校师资队伍长效适度稳定的举措，以促进我国民办高校的健康发展，并对公办高校的改革积累成功经验。

1.3.2 研究思路

本书研究思路及技术路线图如图 1-1 所示：

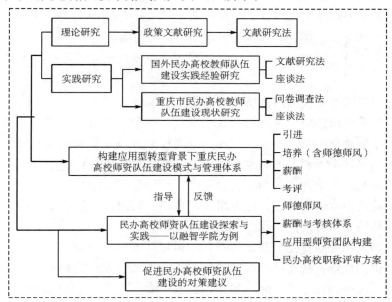

图 1-1 项目研究技术路线

1.3.3 主要研究内容

本书研究主要包括以下五个部分：

第一部分：民办高校师资队伍建设的相关理论研究。本部分在明确对民办高校的内涵、性质、地位、作用等的基础上，对民办高校师资队伍建设的相关理论研究情况做梳理，为本书提供背景和理论支撑。

第二部分：国内外民办高校师资队伍建设实践的经验借鉴。本部分通过借鉴美国、日本、德国等国家高校师资培训与管理的经验和做法，以及国内知名民办高校师资队伍建设的经验示范，归纳总结出适合我国民办高校师资队伍建设的有益启示。

第三部分：重庆市民办高校师资队伍建设现状研究。本部分通过对重庆市8所民办本科院校和18所民办专科院校开展访谈和问卷调查，掌握在当前新形势下重庆市民办高校师资队伍的现状，研究其在师德师风建设、师资结构、薪酬待遇、引培举措、考核方式、教师归属感和满意度等方面取得的成绩和存在的问题；利用对重庆市民办高校师资队伍结构的聚类分析，利用高职称教师比例、中青年教师比例、高学历教师比例、"双师型"教师比例以及学缘结构比例5个指标来衡量和甄别各民办高校师资队伍结构的差异，发现重庆市民办高校师资队伍建设中存在的关键性问题，为民办高校的师资队伍规划和建设提供相应信息和新的分析视角。

第四部分：转型背景下重庆市民办高校师资队伍建设模式与管理体系构建。

①厘清民办高校师资队伍建设模式与原则。

根据重庆市经济社会发展的战略重点、产业转型升级的主要方向和高等教育结构调整的总体要求，结合民办高校的发展定位和意愿，以学校定位为依据（区分本科与专科层次）、以教师权益实现为路径、以学科专业建设为核心、以中青年教师培养为重点。

②构建包含师资引进、师资培养、考核、薪酬体系四个维度的民办高校师资队伍建设管理体系。

以加强民办高校党的建设为基础，强化师德师风建设，利用民办高校的体制机制优势，构建民办高校教师成长与可持续发展的路径；建立健全差异化的民办高校教师薪酬体系；构建"师德+教学+科研+服务"4维度综合考核指标体系。

第五部分：民办高校师资队伍建设探索与实践的典型案例。本书拟在前期理论研究和调研的基础上，梳理重庆财经学院（原重庆工商大学融智学院）"十三五"期间师资队伍建设方面的各项举措以及取得的成效，着重从以下4个方面进行有益探索：

①高校教师师德师风建设。以《习近平同志在全国高校思想政治工作会上的讲话》精神为指导，探索加强师德师风建设的有效举措，使广大教师坚持教书和育人相统一，坚持言传和身教相统一，坚持潜心问道和关注社会相统一，坚持学术自由和学术规范相统一，引导广大教师以德立身、以德立学、以德施教。

②薪酬体系和考核体系改革。充分发挥民办体制机制的优势，构建以任务和强度为依据的差异化薪酬体系，形成科学的具有竞争优势的薪酬与

福利体系，吸引和培育优秀教师团队。构建"师德+教学+科研+服务"4维度综合考核指标体系，进一步细化完善实施细则提高其实用性。

③应用型师资团队构建。根据向应用型转变的要求，从优秀教师的引进、教师的实践能力培养、应用型研究能力的提升等方面进行大胆探索，构建应用型师资团队。

④民办高校职称评定实施方案的构建。根据教育部、中央编办、国家发展改革委、财政部、人力资源和社会保障部联合印发的《关于深化高等教育领域简政放权放管结合优化服务改革的若干意见》（教政法〔2017〕7号）、《教育部2017年工作要点》的精神，建立以"代表性成果"和实际贡献为主要内容的职称评审方式。

第六部分：促进民办高校师资队伍建设的对策建议。在前期理论研究、国内外先进实践经验总结、重庆市民办高校师资队伍建设现状研究的基础上，构建转型背景下重庆市民办高校师资队伍建设模式与管理体系，并在重庆财经学院进行实践检验，从而优化该体系，形成促进民办高校师资队伍建设的对策建议，以期对重庆市高校师资队伍建设，尤其对民办高校师资队伍建设提供有益的决策咨询建议。

1.3.4 要解决的问题

1.3.4.1 如何强化民办高校师德师风建设的问题

新形势下民办高校师资队伍存在师德师风建设力度不足的问题，如何利用民办高校体制优势加强民办高校教师师德师风建设是民办高校师资队伍建设与发展的基础。

1.3.4.2 民办高校教师应用能力不足问题

民办高校在向应用型转型过程中须解决其教师应用型、技能型不足的现实问题，需要政府、民办高校和民办高校教师自身、行业企业四个层面的共同应对。

1.3.4.3 民办高校教师发展、薪酬与考评问题

紧扣民办高校教师最关心、最直接的利益问题，找准师资队伍建设考核的关键点，真正解决"评、聘、考"分离。

1.3.5 研究方法

本书采用文献研究法梳理国内外民办高校及其师资队伍建设等相关领域的文献与实践研究资料，为本书的研究提供理论与实践支持；采用访谈

法和问卷调查法对重庆市 26 所民办高校的师资队伍建设现状进行调研；采用聚类分析法衡量和甄别各民办高校师资队伍结构的差异，发现重庆民办高校师资队伍建设中存在的关键性问题，为民办高校的师资队伍规划和建设提供相应信息和新的分析视角；采用比较法对国内外民办高校师资队伍建设的实践开展经验借鉴；采用案例推演法，剖析重庆财经学院师资队伍建设的具体举措等，为其他民办高校的师资队伍建设提供参考和借鉴。

2 理论溯源与文献综述

2.1 理论基础

2.1.1 高校教师发展理论

2.1.1.1 高校教师发展理论概念及内涵

教师发展理论是一种以探讨教师在经历职前、入职、在职以及离职的整个职业生涯发展过程中所呈现出的阶段性发展规律为主旨的理论。所谓阶段性，是指教师在发展不同阶段的需要是不同的，因而有必要根据不同阶段的需求特点，对教师提供有的放矢的培训服务①。博奎斯特和菲利普斯认为，在逻辑框架上，高校教师发展的包括三个层次，即态度、过程和结构。三个层次缺一不可。一个教师如果没有正确的价值观，缺乏清晰的教育哲学，那么他发展的内在动力也不存在。在此情况下，教师对发展机构提供的教学发展服务，或者会抗拒，或者视而不见。而如果教师有意愿接受教学发展，但其所在的学校、学院或者系对促进教师投入教学存在负向的措施规定，教学发展工作则将事倍功半。在此基础上，盖夫进一步将高校教师发展的内涵阐释为：评估高校教师发展的成果指标应主要包括学生学业进步情况、组织结构受到了什么影响以及高校教师获得了怎样的发展。

2.1.1.2 高校教师发展的特点

布兰德（Bland）等人认为，教师为了适应各种角色，保持教学能力，

---

① 张胤，武丽民. 高校教师可持续发展支持系统构建研究：基于教师发展理论的思考与设计 [J]. 江苏高教，2017（5）：59-63.

需要参加各种学习的项目。一方面，在高校教师的多个角色中，占据首要的位置应该始终是教学者，高校教师发展的核心是教育教学能力的发展；另一方面，高校教师扮演着多重角色决定了高校教师发展不能简单地考虑单一角色的需要，而必须重视教师角色的复杂性。因此，高校教师发展具有重点明确和内容复杂等方面特点。史密斯（Smith）指出，教师担负着教学、研究和社会服务等多重责任，是高等学校职能的实现者、承担者，必须为教师胜任各种角色提供必要的帮助，高校教师发展是为了促进教师更好地胜任科研、教学和社会服务职责的项目。Francis 提出，高校教师发展是为更好地满足学生需求、机构需求和自身的需求，通过增强技能，优化态度、改进行为，促进竞争力提升。高校教师发展既是作为教师的需求，也是自身发展的需求。

2.1.1.3 评价

在本质上，高校教师发展意义、内容与过程是一致的，其主要研究高校教师作为教育主体和科研主体在高校中的角色和功能、与高校的关系以及对高校的影响等问题。尽管这些研究有利于深入分析高校教师发展，但集中探讨高校教师发展的意义、内容与过程，导致高校教师发展报告在现实中出现同质化与接近标准化，仅仅是简单记录与高校教师发展相关的活动而不深入理解其内在逻辑关系，则难以揭示高校教师发展的差异①。在不同类型的高校，教师发展的诉求是有差异的，正因为这样，所在工作单位提供的教师培训服务、激励方式等也应该且必须是有差异的。

2.1.2 人力资源管理理论

人力资源管理指组织为了获取、开发、保持和有效利用在生产和经营过程中所必不可少的人力资源，通过运用科学、系统的技术和方法所进行的各种相关的计划、组织、领导和控制活动，以实现组织既定目标的管理过程②。雷蒙德·A.诺伊等人认为人力资源管理是指影响雇员行为、态度以及绩效的各种政策、管理实践以及制度。具体包括：确定人力资源需要

---

① 占莉萍. 民办本科高校师资队伍建设研究：基于江西某民办高校的实践［D/OL］. 南昌：江西财经大学，2017：67［2023-2-16］. https://kns.cnki.net/kcms2/article/abstract? v = 3uoqlh G8c475kOm_zrgu4lQARvep2SAkZIGkvqfmUZglMdu7fCR482bpht_3ItZPclMzSuYXhbyBdfrojvxkFZiO2Jke 6ywx&cuniplatform = NZKPT.

② 董克用. 人力资源管理概论［M］. 5 版. 北京：中国人民大学出版社，2019.

（人力资源规划）、吸引潜在雇员（招募）、挑选新雇员（甄选）、教导雇员的工作绩效进行评价（绩效管理）以及创造一种积极的工作环境（员工关系）。他还进一步阐明有效的人力资源管理实践，通过对雇员和顾客的满意度、创新性、生产率以及企业在社区中的良好声誉等做出贡献而与企业的绩效直接挂起钩来①。

2.1.2.1 人力资源管理的特点

（1）人力资源管理是一门综合性的科学，它的主要目的是指导管理实践活动，而当代的人力资源管理活动影响因素较多，内容复杂，仅掌握一门知识显然是不足够的。它综合了心理学、管理学、统计学、经济学等多个学科，涉及经济、政治、文化、民族、心理、地缘等多个因素。

（2）人力资源管理是一门实践性很强的科学，它是通过众多的管理实践活动进行深入的分析、总结，并在此基础上形成理论的科学，而其理论反过来指导实践，并接受实践的检验。

（3）人力资源管理是具有发展性的科学，它处于不断发展变更的状态，在短期内不可能达到十全十美的状态。其发展过程是一个不断探索、不断调整的认识过程，不断充实、完善的过程。

2.1.2.2 人力资源管理的职能

（1）选人，通过人力资源规划、招聘与录用，保证一定数量和质量的劳动力和各种专业性人才加入和配置到生产经营活动中去，满足组织发展的需要。

（2）育人，主要对员工实施组织培训，发掘员工的内在能力；同时，对进入组织的员工进行企业文化和组织价值观的内化。这需要进行系统的培训，慢慢让其融入组织，找到归属感。

（3）用人，用激励理论和相应的方法，对员工的需要予以不同程度的满足或限制，引起员工心理状况的变化，激发员工向企业所期望的目标而努力。同时，根据员工的个人能力，把其安排在合适的岗位上，充分发挥人才的作用。

（4）留人，通过基本薪酬、绩效薪酬、奖金、津贴以及福利等薪酬结构的设计与管理，激励员工更加努力的工作，保持低流动率。

（5）职业生涯规划，鼓励和关心员工的个人发展，帮助员工制订个人

---

① 雷蒙德·A. 诺伊，约翰·霍伦拜克，拜雷·格哈特，等. 人力资源管理（第三版）［M］. 3版. 刘昕，译. 北京：中国人民大学出版社，2001.

发展规划，以进一步激发员工的积极性、创造性。

2.1.2.3　人力资源管理的意义

（1）有利于组织竞争力的提高。人是创造价值的源泉，知识、技能、才智等都蕴含于人这一载体中而不能独立存在，因此人力资源是组织拥有的特殊资源。

（2）有利于吸引人才、调动员工的积极性。有效的人力资源管理能够发现员工的特点并发挥其特长，给予员工尊重，满足员工发展的需要，为员工提供职业发展的服务，让员工主动、忠诚地实现组织的目标。

（3）有利于科学规范的组织制度的制定与执行。若组织缺乏人力资源，缺乏优秀的管理者与执行者，则难以制定出合理的组织制度，也难以保证组织制度的有效执行[1]。

2.1.3　激励理论

激励是激发和鼓励人朝着所期望的目标采取行动的过程。对于激励，管理者关心的是如何控制或引导人的行为，以使其产生组织所希望的行为。

2.1.3.1　期望理论[2]

期望理论认为：理性的人，对于生活与事业的发展，他们有既定的信仰和基本的预测；一个人决定采取何种行为与这种行为能够带来什么结果以及对他来说是否重要有关，人是根据他对某种行为结果实现的可能性和相应奖酬的重要性的比较来决定其是否采取某种行为的。用公式表示即为：激励力量＝效价×期望值。

激励力量，即动机的强度，它表明一个人愿意为达到目标而努力的程度。

效价，指某人对目标价值的估计。对同一个目标，由于个人的需要不同，所处的环境不同，所以他对该目标价值的估计也不同。

期望值，指该人对实现某一目标的可能性的主观估计。一个人往往是

---

① 杜敏青. G 工商学院师资队伍稳定性的个案研究 ［D/OL］. 西宁：青海师范大学，2019：18 ［2023-2-18］. https://kns.cnki.net/kcms2/article/abstract? v = 3uoqlhG8c475kOm_zrgu4lQARvep2SAKECTGk3Qx5vu2Q2KOe7m1zy21RgdGibL _ DgNAUgswOtTcp1ZLEibowkxR8i2iH _ ww&uniplatform = NZKPT.

② 邢以群. 管理学 ［M］. 2 版. 北京：高等教育出版社，2011.

根据过去的经验来判断一定行为能够导致某种结果或满足某种需要的可能性大小的。

期望理论认为，一个人从事某项工作的动机强度是由其对完成该项工作的可能性、获取相应的外在报酬的可能性（期望值）的估计和对这种报酬的需求程度（效价）来决定的，即人的努力与其期待的最终报酬有关。而且激励是一个动态的过程，当一个人对期望值、效价的估计发生变化时，其积极性也将随之变化。

2.1.3.2　马斯洛的需要层次理论

美国心理学家马斯洛在《人的动机理论》一文中，提出了需要层次理论。他把人的需求归结为5个层次，由低到高依次为生理需要、安全需要、社交需要、尊重需要和自我实现需要。需求层次理论的基本观点是：

（1）人的需要是分等分层的，呈阶梯式逐级上升。人最基本的需要是生理需要，一般来说，只有低层次的需要满足以后，人才会进一步追求较高层次的需要，而且低层次的需要满足的程度越高，对高层次的追求就越强烈。

（2）需要的存在是促使人产生某种行为的基础。若一个人无所求，则其没有什么动力和活力；反之，若一个人有所需求，则其必然存在着可以被激励的因素。5个层次的需求是人生来就有的，只不过每个人的需求强度、显露程度不同。正因为人的需要是不同的，所以要调动人的积极性，就必须针对不同的人引导其满足不同层次的需求。对大多数人的共同需要，可以采用共同的方法来激励，而对不同的需要则要采取不同的方法，切忌"一刀切"。

（3）当某种需要得到满足以后，这种需要就失去了对行为的唤起作用。人们总是为实现未满足的需要而行动，也就是说，促进行动的需要存在着"亏空"。当某一层次的需要得到满足以后，下一层次尚未满足的需求就会成为人们行动的动机。

2.2　文献回顾

2.2.1　国外师资队伍建设研究现状

国外私立高校在长期的实践过程中逐步建立了一套与自身国情相符合

的师资队伍建设管理制度，主要以美国、日本、德国、法国为代表。其主要包括建立科学规范的聘任制度、优化教师资源配置；建立教师业务提高的保障机制、加强教师业务培训；建立吸引人才的保障制度、稳定师资队伍；专设的对私立高校的资助政策等；极大地推动了私立教育的发展。世界各国国情和传统不同，私立教育法律体系、治理框架和政策设计存在明显区别。但在区分营利性、非营利性私立学校基础上进行制度构建，是营造私立教育蓬勃发展环境的普遍做法，是提高教育软实力和国际影响力的重要举措。主要做法包括：确立统一清晰的国家标准、健全差别化支持政策、完善涵盖营利性和非营利性学校的教育资助政策、建立低门槛的政策普惠机制、健全购买服务制度、强化以第三方为主的监管机制。

美国教育起源于私立教育，最初是由英国的基督徒创建的，几百年来私立教育得到了长足的发展。日本的私立学校产生于明治初期，直到第二次世界大战前，日本政府一直把私立学校作为国立、公立学校的一种辅助机构，不仅没有给予应有的资助，而且还受到严格的管制。1949 年，日本政府颁布了《私立学校法》，才使私立学校获得与国立、公立学校平等的地位。由于不少私立学校在经营上陷入了困境，日本政府从 1970 年开始对私立大学进行资助，制定了《日本私立学校振兴财团法》及融资和税收的优惠政策，促进了私立学校尤其是私立大学迅速发展。资料显示，目前日本私立大学数量占全部大学的 71.8%，私立大学的学生人数，更是占在校生总数的近 80%；德国有 326 所高校，除部分教会学校外几乎都是州立大学，190 万在校生，42 000 名教授，25.5 万教职员工（包括管理人员）。根据《联邦基本法》的规定，德国是允许私立学校存在的，但其必须置于国家的监督之下，其教师资格、课程设置、所用教材等与公立学校并无太大差异。

私立教育是西方教育体系中重要的组成部分，世界一流大学中 80% 的学校都是私立高校，在美国私立高等院校占全部高校的 52%，其前 10 所名牌大学中，私立大学就占了 7 所（哈佛大学、耶鲁大学、斯坦福大学、普林斯顿大学、麻省理工学院、加州理工学院、宾夕法尼亚大学）。对国外师资队伍建设的分析，本研究将从教师聘任、教师培训、教师的考评与晋升、教师薪酬保障机制、兼职教师等方面来展开。

2.2.1.1 教师的聘任

美国的私立高校之所以声名显赫，一个重要原因在于这些高校拥有着一支雄厚的师资队伍。应聘者要进入美国高校任教，首要条件是具有博士学位（艺术、警校除外）。其次还有一些附加条件，包括应聘者要有一定的研究工作经历，并且为了给学校注入不同的文化，不能是本校应届毕业生，这种对应聘者的学历和研究或工作经历的要求，保证了新补充到大学的教师在进入高校任教之前就已经完成了较高的学历教育和较强的学术训练。除此之外，高校教师还要经过严格评估和筛选，在经过半月一次的上岗培训并合格后签订合同。美国的招聘合同类型分为多种形式，根据聘任时间的长短可分为试用期、短期聘任、终身聘任；在招聘方法上采用专职和兼职混合的方式；在合同类型上实行团体与个人互补的合同制。德国和法国也都规定高校教师必须具有博士学位才有可能取得相应的学衔。德国和法国的高等学校补充或增加教师，一般不能从低一级职位的教师中补充，而是面向全世界公开招聘。日本高等学校招聘教师实行公开招聘的办法。若教授、副教授有缺额需要增加时，高校应事先发布公告，公开募集，且校内外教师均可应聘。然后由应聘者本人提出申请，提供本人资历、学历、工作成绩、科研成果（公开发表的著作、论文，或本人研究计划等），并将这些材料交给招聘单位的教授会审议。教授会推出五人组成评选委员会，评选之后，再由教授会投票表决，获超过半数以上赞成票者，再报校评议会审核通过，国立大学需报文部省审议委员会审核批准。讲师和助教按照资格由教授提名，校长任命，也有的通过公开募集的办法，挑选加以任用的。

2.2.1.2　教师培训

（1）重视教学技能和教育技术的培训

由于美国聘任教师时的首要条件是博士学位，因而不必展开类似于中国的学历补偿和提高教育，这样，美国便将教师进修与提高的重点放在教学技能与教育技术上。运用教育技术是美国高校教学手段乃至教学方法与思想上的一次革新。随着以多媒体技术为主的现代教育技术的推广和应用，美国建立起一套完善的帮助教师掌握和使用现代教育技术的培训体制，如建立专门的教育技术培训中心，以保证教师及时了解和掌握各种现代教育技术手段的应用方法和最新发展动态，并鼓励教师在日常教学中使用这些手段。

法国早在 1998 年就实施了"发展多媒体行动计划"，德国的高等学校也对教师提出了熟练运用多媒体等现代教育技术的基本要求，并制定了教师的培训计划。

（2）设立培训机构

美国高校一般都设有教学技能培训中心，培训中心面向全校教师开放。教师可以自愿去教学技能培训中心学习以提高教学水平。此外，美国的大部分高校和研究院（所）都接受合作研究者，类似于我国的访问学者制度。这些培训方式或培训机构实际上成为教师提高业务水平最重要的途径和主要基地。德国和法国私立高校建立的教师培训机构，在校教师均可免费参加。

（3）实施教师进修推进项目

美国私立大学非常重视教师的科研工作，数据表明，私立大学教授的60%以上的工作时间投入科学研究中，20%的时间投入课程教学中。为促使教师的不断自我提高，1962年美国密歇根大学创建了全国第一个学习与教学研究中心，到20世纪80年代，教学促进中心在全美各高校大量涌现，到90年代，已在美国普遍设立。很多大学通过设立教学促进中心这一类机构，不仅为教师提供了有效的教学引导和帮助，还培养了大量青年教师，不断充实师资队伍。目前，最具有代表性的几个研究中心有密歇根大学研究中心、哈佛大学德鲁克博克教学中心和斯坦福大学教学中心。这些发展中心虽所处的学校、地理位置不同，但都有着一些共性：第一，都以促进本校教师专业发展，特别是教师教学水平的提高，以形成重视教学的校园文化氛围为工作宗旨；第二，中心有专门的工作人员，其中包括教育教学研究者、教育技术等方面的专家及行政管理人员；第三，中心大多采用教学研讨会、讲座等交流方式进行学术和教学经验的交流研讨，并通过课堂观摩、录像分析对教师尤其是新教师提供教学咨询及指导。

德、法两国都要求高等学校、科研单位和企业三者之间加强合作，相互接受合作研究人员，尽量共同组织学术活动、共同组织课题攻关等。法国相关教育法规要求：国家培养的教师必须担任教师满足规定的年限后，才能够享受进修假期；每名教师每年均有权得到学习进修假，时间为两个星期；每名教师总共能够得到的进修假有两年左右。

（4）导师制

高校实行教授终身制，这一制度对助理教授与副教授的激励作用是巨大的，使得这些教师对提高业务水平的要求既迫切又主动，促使他们主动去寻找指导者或合作者，"导师制"便应运而生。"导师制"是本着自愿的原则自由组合，以开展科研活动为主要内容，其中教学技能的提升也是内容之一。导师可以是本校的，也可以是外校的甚至是大学以外的。美国大学协会的"博士生到学院开展教学观察与交流活动"项目，其核心方式就是"导师制"。据美国联邦政府教育部介绍，美国大学协会开展的博士生到社区学院进行教学观察与交流活动，主要目的就是为高校培养教学、研究、服务三方面有责任心的教师。其方式是鼓励支持在读的博士生到社区学院去进行教学观察与交流，并指派导师指导他们掌握和应用发展、新的中的教学方法与技术，积累教学工作经验、了解大学教师"真实的工作"，为他们将来从事教师工作提供帮助。美国联邦教育部《社区学院教师进修计划》要求社区学院及教师，一是更多地使用两种职业语言；二是增设有关跨文化理论的特别课程与实验班，以提高教师的多方面素质；三是开设专题研究班帮助教师提高业务水平等。

（5）教师参加培训的自主性

在美国高校教师参加进修活动大多属于个人行为。自主性是德、法两国高校师资培训的主要特点。高校教师参加进修培训被认为是高校自治和教师"学术自由"的范畴。一旦教师自己感到不能胜任所承担的工作，教师本人会主动加强相应的学习和训练。

2.2.1.3　教师考评与晋升

美国高校教师分为讲师、助理教授、副教授、教授四级。从助理教授晋升为副教授，副教授晋升为教授一般各需要 5~7 年时间，而要获得终身教职一般需要 10 年以上的时间。教师如果教学科研水平不高，成果不多，则会被辞退或通过降低待遇和工作条件等办法迫使其自动辞职。美国高校促进教师的研究、教学和服务水平不断提高，主要是通过评估来实现的。美国高校的教师评估种类主要有：年度评估、申请终身职位时的评估、晋升评估。评估内容包括：教学效果与水平评估、科研评估、行政服务及为地方经济服务评估。评估方式主要采取：本人总结、学生问卷调查、同事和系主任评价等。评估与教师的奖惩、晋升、聘任和工资待遇等挂钩。评估是事关教师去留的大事。这种评估制度的激励作用是将培训要求转化为教师内在的需求，并为美国大学教师进修提高的运行机制形成打下了基础。

日本高等学校根据《学校教育法》和《大学设置基准》的规定，对各种职称教师进行全面的考核和评定，经教授会和校评议会审议通过后给予晋升职称。日本私立大学对教师的职务晋升有一定的审核标准，并根据学校经费和教师的实际情况来确认职务数量。其对教师的晋升考核主要有三个方面：一是学历、学位条件，二是任现职的最低年限，三是助教、讲师、副教授在1年、3年、6年任职中的教学和科研水平，教学主要是看是否达到既定的工作量。日本高校十分注重科研，它是教师晋升的主要依据，虽然日本高校对科研任务无明确规定，但教师每年都会出版一本教师当年论文著作、项目年度完成情况的成果汇编和一本记录3年滚动项目的年度完成情况的成果汇编，由专家、教授对科研成果水平进行鉴定。

德国和法国强调教学和科研统一。长期以来，德国、法国高校都注重强调科研与教学的统一。它们既反对"教学是大学的首要工作"，又反对"把科研著作作为评价教师的唯一标准"，注重培养教师的实践能力和科研能力。两国高校鼓励大学教师与科研人员之间的流动，鼓励大学教师参与企业的技术研究和技术改造，把教师与企业合作的情况作为考核教师和教师晋升的重要指标之一。

2.2.1.4 教师保障制度

（1）保证教师有充足的研究经费

美国高校非常重视经费的筹措，美国私立大学的教育经费近一半用于师资队伍建设，美国有专门机构主管研究经费筹集，包括联邦、州和地方政府的拨款、国防项目、企业项目以及民间基金等。各大学也鼓励教师自主争取经费。因此，美国高校的教师一般都有较为充实的研究经费。这为教师进行合作研究、参加国内外学术讨论会、专项考察进修等创造了基础条件。德国和法国的政府、高校通过筹集充足的经费保证教师参加国内外学术活动、进行专题考察等。

（2）日本的共济会

日本私立学校教职员工共济会是按照私立学校教职员工共济会法成立起来的组织，目的在于保障私立学校教职员工的福利。参加这一组织的成员本人或家属生病、负伤、残疾、死亡、出生、退职、遭灾或病休时，由这一组织提供一定的补助费，来增进和提高私立学校教职员工的福利事业。共济会的资金一半是参加者每月缴纳的会费，另一半由学校法人负担，国家也进行一定的补助，同时都道府县负责该共济会日常运转所需的日常办公经费。

（3）工资待遇

美国的私立高等院校无津贴、奖酬金等辅助分配形式，实行机动的工资激励制度。工资是美国教师的主要分配方式，一般由校长根据学校的经济财务状况，对教师工资给出建议，再由学校董事会决定教师的工资标准、工资级别、增资幅度、增资的发放标准和发放办法等。据统计，自 20世纪后半叶以来，美国高校教师工资约为全国总平均工资的 2.3 倍，教授平均工资则一直在总平均工资的 3 倍上下。而在排行榜前 30 名的大学，教师工资约为全国平均工资的 3.7 倍。美国高校的福利系统也非常好，学校会安排一名具有心理咨询师资格的管理人员为教师提供生活、心理援助。德国和法国的教师地位较高，职业收入稳定。德国和法国的高校教师都属于公务员管理系列，无需缴纳失业保险和医疗保险，并享受比较优厚的工资待遇。

2.2.1.5　兼职教师

美国高校教师队伍由全职、兼职两部分组成。在最近的十几年中，兼职教师的数量急剧增长。据美国教育委员会统计，1989 年美国四年制大学中兼职教师占教师的 27%，私立大学中兼职教师占教师的 21%，两年制的社区学院兼职教师占教师的比例高达 50%～60%。1993 年，四年制大学中，兼职教师的比例已上升为 32%。据纽约大学介绍，该校有全职教师 2 000人，兼职教师 2 000 人，各占 50%。这种专、兼职结合的教师结构体系，是美国高校教师资源合理开发与利用的重要形式。另外，兼职教师也为全职教师从事研究、参加进修创造了条件。

兼职教师是德国大学教学人员中的重要组成部分，占到 60% 左右。日本大学里面专职讲师是少数，大多从校外聘请，称为兼职讲师，多由具有教授或副教授资格者或认为在其他特殊专攻领域具有教学能力者担任。

2.2.2　国内师资队伍建设研究现状

国内学术界以《中华人民共和国民办教育促进法》（简称《民促法》）为分水岭将民办高校师资队伍建设的研究分为两个阶段。即出台之前和出台之后。其中《民促法》出台之前国内研究集中在民办教育，民办高校的定位、本质、营利、立法、质量、产业化以及素质教育等方面；《民促法》出台后，则主要集中在民办教育分类管理和民办高校营利性与非营利性改革两大方面。对民办高校师资队伍建设问题的研究则一直相对薄弱。

在民办高校中，辅导员是教师队伍的重要组成部分，其也是民办高校开展德育工作，以及对大学生进行教育的主干力量，对大学生健康成长起到了重要的指导作用。另外，民办高校的行政人员直接服务于教学和科研，担负着维持学校正常运转的重要责任，承担着对学校工作的领导、决策、协调、管理和服务的重要任务，其行政管理水平的高低，直接影响着民办高校的教学、科研水平的高低，以及师生对学校的满意度的高低。基于此，本书的师资队伍指专业师资、辅导员和行政人员三支队伍。

2.2.2.1 民办高校师资队伍的现状和问题

首先，民办高校师资队伍不稳定。韩忠春（2004）认为民办高校师资队伍存在专兼结合、兼职为主，教师队伍不稳定，流动性很大，兼职教师存在雇佣思想等问题；他对民办高校师资队伍稳定性的关注较为突出，认为民办高校师资队伍稳定性不足，从短期看直接影响了教学质量，从长远看则会影响这类院校的办学水平。韩冰（2015）用"不够，不高，不稳，不齐，不顺"的"五不"来形容民办高校教师队伍，具体表现为民办高校的教师数量不够多、结构不合理、队伍不稳定、待遇不公平、管理不规范、心态不积极、实践技能弱、科研水平低。陈小银（2019）指出民办高校教师队伍具有来源多样化、年轻化、流动性高、主观性强等特征。他进一步指出民办高校的教师主要有五个来源，分别是各院校的应届毕业生、返聘退休老教授、面向行业及院校招聘兼职教师、从其他民办高校或合作企业调入以及由校内行政管理人员转岗的教师。其次，民办高校年轻教师占比例较多。2017 年，在全国民办高校专任教师中 34 岁以下青年教师占专任教师的比例达到了 51.28%。这部分青年教师多为刚毕业的应届毕业生，年龄较小、教学经验还比较缺乏，职称也较低，经验不足。从近几年的趋势来看，民办高校的专任教师以青年教师为主，青年教师已经成为民办高校的主力军。再次，从人的本性出发，人都会向往更好的待遇、环境和发展机遇，尤其是民办高校教师自身的高素质，使其具有较大的优势和竞争力。民办高校师资薪酬、福利保障没有优势等会导致民办高校师资队伍不稳定。最后，民办高校的师资具有较强主观能动性。民办高校教师与学校为契约关系，而不是依附，这就使其具有较大的自主性决定自己的未来。这种主观能动性决定了其教学和科研的潜在能力是否得到发挥及发挥的程度。

张林凤等（2019）指出，我国民办高校师资队伍建设存在结构失衡、青年教师职业倦怠等问题。刘康生等（2016）认为当前民办高校师资队伍存在结构比例失调、理论与实践脱节、教师心理压力大等问题。冯卫东（2014）指出，民办高校岗位聘任存在以下几点问题：一是岗位设置结构不合理；二是缺乏有效的学术职业准入制度；三是缺乏有效的评价考核制度；四是配套的法律法规与制度不健全；五是退出机制改革还应该加强；六是聘任管理的"去行政化"需继续推进。倪娟芝、沈天炜等（2010）以甘肃民办高校为研究对象，发现关于该地区的民办高校师资存在着师资建设被置于次要位置、师资数量不足、结构不合理、教师队伍稳定性较差、可控性低等问题。景晓娜（2014）对辽宁省 28 所民办高校开展研究，认为该地区民办高校师资队伍存在自有师资总量不足、师资队伍年龄结构不合理、职称结构不合理、具有博士学位（高学历）的师资比例偏少、民办高校教师流动性大、师资队伍不稳定、"双师型"教师比例偏低等问题。乔鹏超（2017）指出云南省民办本科院校教师队伍建设存在青年教师比例较大，没有形成合理的年龄梯队；学缘结构不合理，具有相同学术背景的教师比例较高；教师学历结构不合理；兼职教师所占比重较大以及教师流动性较大，教师队伍缺乏稳定性等问题。冷筱（2018）通过对重庆四所民办高校调查发现民办高校师资队伍存在中低职称占大多数、兼职教师过多、"双师型"教师偏少、学缘结构不具备多元性以及教师聘期短、对教师用多培养少、评价机制不规范、缺乏精神激励和保障机制不健全等问题。占莉萍（2017）指出民办高校自有专任教师队伍中，35 岁以下的青年教师大多都把民办高校作为"跳板"，一旦学历、职称提升了或教学经验丰富了，就会另攀高枝，寻求新的职业发展平台。杨晓谦、陆月华（2014）基于重庆市某民办高校的个案调查发现，城市环境的影响、物质利益的冲突、个人发展的需求、校园文化的缺失是民办高校教师流失的主要原因。关于民办高校师资队伍建设的策略研究，倪娟芝、沈天炜、姚鹏（2010）认为应从多方融资缓解民办高校生存压力，使民办高校有暇进行师资建设。黎利云（2007）从民办院校师资稳定的角度提出"维稳"应该从优化办学环境、建立有竞争力的报酬与激励机制、创造学术环境、创建校园文化等进行建设。杨晓谦、陆月华（2014）提出民办高校应努力建立和健全人才管理机制，给教师提供较好的物质待遇，为青年教师制订良好的个人发展计划，创立积极和谐的校园文化。邱丽华研究认为，民办高校师资队伍存在的问题有，教师队伍整体数量不足，与我国高等教育现有规模相比，总量明显偏少，不能适应高等教育规模发展的要求；教师队伍思想素质参差不齐。同时，一些教师创新的积极性不高，教师队伍业务水平总体偏低；教师队伍管理体制落后，教师队伍管理缺乏有效体制。

2.2.2.2 民办高校辅导员队伍的现状和问题

按照党中央、国务院的相关文件要求，我国高校辅导员队伍建设中师生比为 1：200，即每 200 名学生中必须配备 1 名专职辅导员，这是基本政策文件。其岗位职责一是要做好学生的思想政治工作，尤其是要结合当下的形势政策要求，确保学生政治立场坚定、道德素质良好；二是做好学生的日常管理工作，确保学生日常学习任务和事务管理工作的顺利进行，激发学生自主学习和实践创新的精神，同时在事务管理方面防止出现影响安全稳定的因素；三是帮助推进学生就业创业辅导工作，做好学生职业生涯规划，尤其针对大学生的就业生活压力和问题，一定要积极开展有效的心理疏导，帮助组织建设职业规划课程[①]。可见，辅导员的工作任重而道远。这就要求辅导员年龄学历职称结构要合理、积极参加教学科研活动、保持终身学习，成为高校师资队伍中不可或缺的一员。可民办高校辅导员队伍存在不稳定、缺乏系统培训、男女比例失衡年龄年轻化以及对职业不认同的问题[②]。如石成玉（2020）调查发现，重庆市民办高校中女性辅导员占比 78.79%，男性占 21.21%；年龄整体偏低。74.29% 的辅导员年龄在 30 岁以下，队伍极不稳定。工作年限在两年以内的辅导员占比 65.71%，在参与调查的 140 人中，有 4 年、5 年、6 年工作年限的比例分别为 4.55%、5.3%、4.55%，这几个数据表明重庆市民办高校辅导员队伍大多是刚刚参与工作的年轻人，能够坚守在辅导员岗位的人数并不多[③]。樊立君（2020）指出民办高校辅导员队伍存在年龄结构不够合理、流动性较大以及学历、学科方面缺乏合理性等问题。不仅如此，其还存在辅导员的管理体制也不够完善，以及专业化和职业化程度比较低的问题[④]。在这样的情况下，杨

---

① 吴雪. 基于应用型人才培养的民办高校辅导员队伍建设探索 [J]. 产业与科技论坛，2019，19（5）：283-284.

② 石成玉. 民办高校辅导员队伍的现状调查与分析 [J]. 就业与保障，2020（14）：128-129.

③ 樊立君. 民办高校辅导员队伍的可持续发展研究 [J]. 中外企业家，2020（16）：206-207.

④ 杨真真. 民办高校辅导员队伍专业化发展路径思考 [J]. 教育教学论坛，2017（32）：25-26.

真真（2017）指出，民办高校加强顶层设计，完善辅导员专业化发展制度；整合学校力量，营造辅导员专业化发展环境；打造支撑体系，搭建辅导员专业化发展平台；加强系统培训，提升辅导员专业化发展能力。① 吴雪（2019）指出，辅导员队伍是教师队伍的一种，教师队伍应由职称高、学历高、资历老的教师担任领军人员，职称稍低、资历稍低、年富力强的中青年作为教师队伍的中坚力量，同时配备资历浅的年轻教师，这种教师队伍的设计是具备层次感和阶梯感的，教师队伍的人才能自然衔接，不会出现断层，工作能有序传承，民办高校的辅导员队伍也应当按照这一方式进行更新换代。此外，辅导员需要做到自身能力与时俱进，有条件的辅导员应当积极参加各类培训教育活动，如心理学培训、应急处理培训等，在原有能力基础上进行深造，学习更为先进的技能经验。同时，辅导员应当积极参与学生的实践工作，通过对当下区域经济发展所需行业企业对人才的需求，积极引导学生进行相应能力的培养，帮助学生更好地进行自我管理和自我发展，成为本领过硬、知识丰富的高素质专业人才。

2.2.2.3　民办高校行政人员的现状和问题

刘玲（2019）指出，高校一般都是重教轻管，加上民办高校的特殊属性，因此民办高校的行政人员易产生职业倦怠。原因一是社会认可度不高，缺乏职业幸福感；二是日常工作琐碎繁复，缺乏职业满足感；三是少有培训和再学习机会，缺乏晋升空间。詹映静（2018）指出，其一，民办高校行政人员职业倦怠严重，工作积极性不高；其二，行政人员普遍存在专业不对口，业务能力偏低的问题；其三，行政人员自我效能感偏低，行政人员日常工作繁琐，缺少创新性与挑战性，自身专业技能无法施展，时间长了难免产生消极心理；其四，社会对于行政人员评价不高，普遍认为行政人员学历低，技能差，工作日常就是"打杂"。行政人员在这样的工作环境中，很难找到自身的事业成就感，自我能效感越来越低。董彦霞（2017）对石家庄 8 所民办高校行政人员开展了职业倦怠调查研究，调查结果为 84.03% 的受访人员存在不同程度的职业倦怠，行政人员产生职业倦怠的原因有职业认同感低、福利待遇偏低、晋升机会少、缺少进修和培训机会等。许再佳等（2017）指出了高校行政人员自我实现的路径，一是注重换位思考及奉献精神，摆正心态是首要；二是多渠道拓宽自身视野，

---

① 吴雪.基于应用型人才培养的民办高校辅导员队伍建设探索 [J].产业与科技论坛，2019，19（5）：283-284.

提高专业素质是必须；三是学校积极搭建进修平台，人尽其才是关键；四是完善科学合理的评价体系，以人为本是根本。除此之外，不少学者从行政人员的待遇、职业规划和绩效考核方面予以探讨。民办高校可适当引入商业医疗保险、职业年金，通过相关补充福利，缩小与公办高校在医疗及退休待遇上的差距，提高民办高校教职工的职业幸福感。在民办高校内部，学校领导要重视行政队伍的培养，尊重并认可他们的劳动成果，缩小他们与教学科研人员的待遇差距，让民办高校行政人员安心本职工作。另外，民办高校还应为行政人员提供校内、校外经验交流及学习机会，鼓励学有余力的行政人员参加在职学位进修，提高自身管理水平和业务能力。在行政人员学科水平达到教学人员标准时，民办高校应通过适当选拔，允许符合条件者转至教学科研岗。对有科研能力及科研意向的行政人员，民办高校可将其分专业安排至对应的科研小组，让有经验的科研人员带领其做好有关科研工作，提升他们的科研能力，拓宽行政人员的发展方向和渠道。民办高校还要完善绩效考核制度，行政人员的考核，仅靠本部门评价是不够的，要依靠服务对象评价、同级单位评价、部门内部评价、领导评价，四位一体，这样才能真实、客观地反映工作实际情况，对测评优秀的人员，给予精神及物质奖励。同时，综合考量个体是否具备晋升、提拔为管理干部的能力，并更好地实现行政人员的岗位流动。只有将高校行政管理绩效考核体系做到位，才能有激励作用。

2.3　相关研究评述

国外民办高校普遍存在自主发展的特点，并有一套成熟的管理制度。国外大多民办高校经费来源多元化，基本没有经费不足的困扰，可以专心在教育科研上发展，办出有特色的大学，吸引优秀的师资，教出高素质的学生，更进一步促进了学校的发展，形成良性循环。国外民办高校的教师引进、培训进修、评估、晋升、流转的制度是值得我们借鉴的。我国在《民办教育促进法》出台之后，在民办高校向应用型转型的大背景下，针对民办高校师资队伍建设的研究较少，尤其是对三支队伍（专业师资、辅导员、行政人员）的探讨更少，且不成体系，尚属摸索阶段。

3 国内外民办高校师资队伍建设的实践

3.1 国外大学师资队伍建设的实践

众所周知,美国私立大学、德国应用科技大学以及日本职业教育的师资队伍建设都相对成熟并已经体系化、法治化,在教师的培养、薪酬结构、考评机制以及学术氛围上都有自己的特色。

3.1.1 美国私立大学师资队伍建设

美国私立高校教师由教授、副教授、助理教授和讲师组成,他们是教学、科研工作的承担者,也是向社会提供智力服务的专家、学者,大多数教师都承担着两种或两种以上的工作。因此,师资队伍建设是美国私立大学最为关键的管理工作[①]。

3.1.1.1 教师队伍结构呈倒金字塔形

在职称结构上,在教授、副教授、助理教授和讲师四个等级中,最高职称等级的教授数量最多,最低职称等级的讲师数量最少,职称结构呈倒金字塔形。在专、兼职教师结构上,美国私立高校兼职教师比例较高。为保障教学质量,美国严格控制高校专兼职教师比例,将其限定在 50% 以内。

3.1.1.2 教师的培养强调实践性

美国高校教师培训的重点是重视教师教学技能和教育技术的培训,训

---

① 董家强. 美国私立高校师资队伍建设的经验与启示 [J]. 河南农业·教育版, 2019 (27): 8-9.

练和提高教师的教学技能，帮助教师了解和掌握各种现代教育技术手段，并鼓励教师在教学中使用这些教育技术手段。在新教师培训方面，新教师入职后，学校根据教师从事的专业教育开展专业知识培训、教育技术培训和教学、研究技能培训以及关于学校管理制度的培训。美国教师培训也开展教师进修合作项目，主要方式和途径有教学研究、研究性进修、参加学术活动、学术休假等。学校在培训中强调实践性，把参加实践作为教师业务提高的重要途径。

3.1.1.3 薪酬福利具有竞争性

私立大学教授与助理教授薪资的比值普遍高于公立大学。2013 年美国教师联合会的工资调查结果显示，5 所一流大学教师的平均工资水平远高于公立大学教师平均水平。美国大学教师的学术头衔主要分为讲师、助理教授、副教授、教授四类，比较不同学术头衔的教师工资水平，5 所一流大学也同样具有竞争力。以斯坦福大学为例，调查显示斯坦福大学教授平均年薪为 207 000 美元，比授予博士学位的公立大学教授平均高 67.7%；副教授平均年薪 135 100 美元，比公立大学副教授平均高 60.3%；助理教授平均年薪 111 300 美元，比公立大学助理教授高 52%。由此可见，私立大学的工资待遇更具有吸引力。与美国社会的其他行业相比，5 所大学教师的薪酬水平也同样具有很强的竞争力。根据美国劳工部 2012 年对各行业的统计分析结果，全美大学教师的平均工资为 73 770 美元，在美国 22 个行业中排名第 5，大学教师工资是美国行业平均工资的 1.6 倍[1]。

3.1.2 德国应用科技大学师资队伍建设[2]

实践证明，德国应用科技大学这种办学模式是成功的，有普及性和典型性。这种模式包括设定高标准的教师聘任资格、扩大兼职教师比例等。

3.1.2.1 重视教师的实践技能培训

应用科学大学十分重视在职教师的教学和实践技能培训，目的是让教师的知识结构与科技更新和企业生产实践同步。德国各联邦州的继续教育法律也对此作出了明确的规定。如教师每年必须参加一定时间的继续教育

---

① 柯文进，姜金秋. 世界一流大学的薪酬体系特征及启示：以美国 5 所一流大学为例 [J]. 中国高教研究，2014 (5)：20-25.

② 江善和，姚德勇，葛浩，等. 中德两国应用型本科高校师资队伍建设比较分析 [J]. 安庆师范大学学报 (社会科学版)，2017，36 (4)：132-136.

培训，教师培训可以在企业完成，也可以到综合性大学等学术机构进行，但更多的是去企业进修锻炼。应用科学大学的教授每4年可以申请1个学期到企业从事实际工作或应用研究，以熟悉企业的生产流程、工艺要求和产品质量标准，了解企业实际工作中的新问题、新动态，更新和扩充知识。学校内还成立供本校教师培训和提高能力的培训机构。学校通过形式多样的校内培训、学术进修、职业实践等活动开展在职教师的技能培训，更新知识，丰富实践，保证了教师既能掌握有效方法教会学生，也能与一线生产实践不脱节。

3.1.2.2 合理的薪酬待遇及其崇高的职业使命

德国教师属于国家公务员，且是终身聘用，具有较高的社会地位和稳定的工作环境，其薪酬待遇是由各联邦州的法律规定的，且超过国内平均水平，在欧洲国家的教师中是最高的，每两年增加一次。同时德国仍在不断提高教师的福利待遇，加大教师继续教育的经费投入。所以，在德国，教师是一个令人羡慕、受人尊敬的群体。同时，又受德国文化氛围的影响，德国教师的职业使命感非常强，他们共同遵守着这个职业所必须具备的素质、态度和道德，共同维护着它所带来的荣誉和使命精神。因此，德国教师待遇丰厚稳定、职业归属感强烈，这为教师能够心平气和、理性科学地专注于教学与科研提供了重要保障。

3.1.2.3 自由的学术氛围

德国《高等教育总法》规定，教师在教学和科研方面作为一个学科领域的独立代表，应该享有充分的学术、教学和科研自由的权利。学术自由的要义是让教师本人独立开展属于自己专业领域的教学和研究，抵御来自行政的过度干预，为其提供一个自由的学术氛围。德国教育大师洪堡将学术自由分为研究与教学的自由和学生学习的自由。前者是指教师享有制订自己授课计划的自由，不同学科的教师可以选择任一学科的课程讲授，学校不应该规定某个学科的教师只能教授该学科的课程。善思勤勉、爱岗敬业的教师根本无须在乎此类外在的条文规定。他们知道他们应该做什么，且会尽力为之。后者是指学生选择学什么（选修课程）的自由、决定什么时间学和怎样学的自由，以及形成自己思想的自由。显然，这种制度为教师开展独立的学术和教育研究提供了良好的学术生态，有利于学者追求真理，对事物进行理性的判断和实事求是的分析。

3.1.2.4 科学的考评机制

应用科学大学的教授必须承担法定教学义务和一定的管理、科研工作任务。当然，各联邦州也制定了多种减免教学工作量的情况，如教授在高校学术自治范畴内担任职务，或者从事研发工作和学生论文指导工作。这种工作量的义务规定保证了教师能够真正安心教学一线，提高人才培养质量，同时，也让教师在教与学的过程中体会教学乐趣，激发教学灵感。教师的评价与考核侧重于定性或者质量的评价，包括学生对教师教学质量的评价、系主任和模块负责人对教师的评价、教学督导及校长对教师的评价，但这种评价主要是框架式的评价，不是定量的精细化的评价模式，评价结果也只作为是否留用教师的依据，一般不予公开。若教师评价不佳，则由系主任或教学督导与教师进行沟通谈话，帮助教师分析原因并给出有益的建议和意见，以期进行改进，不会影响教师的经济待遇和职位。如果连续出现评价效果不佳，则给予警告或予以解雇。另外，学校对学术研究的考核不十分注重，更多是侧重于运用学术成果进行卓有成效的应用开发。

3.1.3　日本职业教育师资队伍建设

日本的职业教育最初师资缺乏，基本上是从外面聘请。20 世纪 60 年代，日本职业教育师资的缺乏才得以缓解。从 20 世纪 70 年代开始，日本对职业教育师资的考核、录用、进修等作了明确详细的规定，不仅形成了比较完善的职业教育师资队伍建设体系，同时，还进一步完善了职业教育师资培养的法律法规。

3.1.3.1　加强教师与企业联系

一是职业教育的教师要与企业建立紧密的联系，方便给学生推荐工作。1999 年和 2008 年修订的学习指导纲要，都提出了要在高中职业教育课程中增加"企业实习"的部分。日本政府之所以出台这样的规定，是为了让教师更加重视学生的就业，同时也从"就业"的角度出发，重视与自身"专业化"有关的教育内容与教育方法。二是职业教育内容、学校经营管理层面、职业教育机构要与企业紧密联系，这样就有可能在招生中获得更多的关注。日本政府 2013 年 8 月出台了《创设"职业实践专门课程"》，目的是提倡与推动职业教育机构与企业交流合作的成功开展。《创设"职业实践专门课程"》中规定满足条件的"职业实践专门课程"由文部科学大臣直接认定，这些条件包括：①修业两年以上；②为确保与专业领域相关企业团体的合作体制有效，必须开设相关的教学课程；③职业学校的实习、实验、实践或演习等教学工作，必须与企业合作完成。获得"职业实践专门课程"认定的专修学校可以在招生时获得更多的关注①。

3.1.3.2　有灵活多样的在职培训制度

职业教育教师的在职进修制度主要包括新任教师的进修以及确保每位教师在一定期间内参加进修的机会。新任教师进修制度是在日本文部省统一规范下进行的，规定新任教师在担任现职工作的同时，每周必须保证在校内进修两天（1年不少于60天），在校外进修一天（1年至少30天）。为了保证每位教师都有机会进修，由文部省、地方教育委员会及有关校长协会等统筹安排教师的进修②。

3.1.3.3　师资待遇优厚

在日本，教师的社会地位高，工资待遇高，是最具吸引力的职业之一。1974年国会通过了《人才确保法》，规定职业学校教师的工资要比普通学校教师高，从事职业教育的教师，其工资比普通高中教师高约10%。同时规定，学校教员的基本工资高于一般公务员。另外，文部省颁布了《公务员互助会法》《私立学校教职员互助会法》，保障教职员的福利。总之，教师在享受优厚基本工资的同时，还享受优厚的奖金，奖金额度一般相当于4.5至5个月的工资，以及住房补贴、交通补贴、抚养补贴等各种福利津贴③。

3.2　国内的实践案例

我国的民办高校经过近三十年的发展，取得了长足的进步，学校数量、办学条件等都有了大幅度的提高和发展，特别是部分优秀的民办学校取得了学历教育资质后，教师队伍建设工作得到高度重视。

但与此同时，也必须清晰认识到由于受办学主体多元化、办学自主权相对较大，以及办学方为了"合理的收益性"等特点的影响，民办高校的

---

① 吕晓炜，时艳芳．日本职业教育师资队伍建设的发展趋势及其启示 [J]．教育教学论坛，2017（27）：33-34.

② 张晶，张瑞，孟庆国．韩国与日本职业教育师资队伍建设的比较与借鉴 [J]．职业教育研究，2008（1）：156-158.

③ 胡希．日本职业教育师资队伍建设引发的思考 [J]．大视野，2019（6）：52-58.

发展仍然有不足。表现在师资队伍的建设中，虽然从最初的聘用兼职教师为主转变为建设自有专职教师队伍为主，这是对教师队伍建设重视程度提高的具体表现。但是仍然具有下列特点：一是师资队伍的来源具有多样性，有公办院校的兼职教师、自有的师资、实务界聘请的师资、公办院校的退休教师等。二是不同专任师资队伍结构具有复杂性。不同民办院校由于自身发展时间不同、资源不同等，其自有师资队伍的发展依次进入了自培阶段、引进阶段、择优阶段等，在上述不同阶段中的师资队伍结构呈现出复杂性特点。第三，兼职师资队伍具有不稳定性。这主要体现在民办高校中的兼职教师中，虽然这部分教师暂时解决了民办高校师资不足的困难，甚至在一定程度上还可能优化师资队伍的职称结构和学历结构，但这部分师资大多仅仅是兼职师资，不受民办院校的教学管理限制，院校也对其缺少约束力，其流动性较强。第四，专业发展的制约性。很多民办高校为了迎合招生市场中学生对于某些热门专业的偏好，在进行专业设置和招生数量安排时不太合理，从而导致某些热门专业师资疲于授课，与此同时该专业师资也存在"缺口"问题。

以下选取了我国民办院校中的两所不同的院校，来分析其师资队伍建设的成效及经验教训。

3.2.1 南宁学院的"双师双能型"师资队伍建设案例

南宁学院的前身是中国国民党革命委员会广西壮族自治区委员会于1985年创办的邕江大学，2009年，南宁威宁集团以股份制的形式参与办学，成为共同举办者，双方在章程中明确不从办学中获取经济回报；2011年，合作共建的新校区投入使用；2012年学校升格为本科高校，更名为南宁学院。学校现设二级学院12个，开办本科专业27个，覆盖工学、管理学、艺术学、经济学等4大学科门类，全日制在校生14 324人，其中本科生12 421人。

该校"教授引领、骨干支撑、双师结构、持续发展"的师资队伍基本形成，现有自有专任教师516人，外聘教师348人，折合专任教师759.5人，生师比18.88∶1。自有专任教师中，高级职称209人，占40.5%；具有硕士、博士学位的教师322人，占62.4%；"双师双能型"教师175人，占33.91%。教师中有全国优秀教师、自治区级教学名师、博士生导师、艺术大师以及企业技术专家等知名专家学者和行业骨干。

3.2.1.1　南宁学院师资队伍建设的举措

（1）多途径引进"双师双能型"师资队伍

与传统的通过在学院官网发布人才招聘信息，择优安排面试或者是去意向学校参加大型校园招聘会等普通招聘渠道不同的是，南宁学院有着自己特有的特殊人才引进模式，具体来说即为"利用南宁市相关支持政策引进人才。为支持南宁学院办学，南宁市政府给予南宁学院若干事业单位编制的人才使用权。这种方式是通过第三方单位（事业单位）的编制引进人才，人才则由南宁学院使用、管理并发放工资待遇，同时引进的人才须按照第三方单位的规定参加年度考核。"[①] 这种方式显然比普通的招聘对于高级职称和高学历的老师更有吸引力，更容易帮助学院引进高级人才。

（2）逐年提高课酬，稳定外聘师资

对于外聘师资，一般来说这部分师资可以在同地区的不同民办院校中兼课，南宁学院则是用高于同地区课酬，且逐年提高课酬的方式来吸引地区知名高校教师和行业精英来学院从事兼职教学工作，而且外聘教师的队伍流失率较低。

（3）加大对合作办学单位人才的聘用力度

一是通过校企合作共建二级学院的方式，充分利用合作企业的人才资源担任专任教师，如南宁学院分别与高博教育软件管理有限公司、中兴通讯合作共建高博软件学院和中兴通讯工程学院，这两个二级学院的专任教师大多来自这两家企业。合作企业的教师资源往往具有丰富的行业前沿知识和实践能力。通过校企共建二级学院这个平台，提高对企业师资的开发程度，是解决南宁学院应用型人才培养的有效方式之一。

二是将合作办学伙伴的人才资源转化成为南宁学院的外聘教师。南宁学院是在南宁市政府的支持下，通过威宁投资集团的加盟，与民革广西区委合作共办。威宁投资集团下属一级监管单位 15 家，其中房地产、商贸、物业等产业跟南宁学院的专业群匹配度高。2013 年，南宁学院聘任 116 名威宁投资集团及其下属单位的中高级人才担任外聘教师，旨在推动课堂教学与产业、行业的对接，提高应用型人才的培养质量。

---

① 赵田英. 民办应用型本科院校"双师双能型"师资队伍建设研究：以南宁学院为例[D/OL]. 南宁：广西大学，2016：18 ［2023－2－19］. https://kns. cnki. net/kcms2/article/abstract? v = 3uoqlhG8475kOm_zrgu4lQARvep2SAkkyu7xr2FWuKWlylgpWWcEurOohp4josjsltYwXHCAeWyKA5412Kc JPShHm11GXKR&upiplatform=NZKPT.

（4）全方位加强对"双师双能型"师资的培育

第一，对新教师的培育。对新教师的培育主要有三种方式：一是针对全体新聘教职员工的集中岗前培训，培训内容包括校情校史回顾、应用技术大学发展之路介绍、学生工作要点、教学要求、教学经验分享等，主要通过主讲人讲授的方式进行培训，培训结束前新聘教职工分享感受，会后提交培训总结。二是由教育厅举办的高校教师资格考试的岗位培训课程，参加对象为未取得高校教师资格证的新聘教师。三是推行青年教师助教制度，促进青年教师在资深教师的指导下加强学术研究教学技巧，注重教学质量和授课技能，不断进取，提高自身教学科研能力，尽快达到学校教学和科研工作的基本要求。

第二，对骨干教师的培训。对骨干教师的培训主要是通过向外选派骨干教师参加重要培训项目，如国内访问学者、广西高校青年教师教学业务能力提升培训、广西高校教师社会践习计划培训等实现。

第三，对核心团队的培育。实施核心团队建设工程，开展校内拔尖人才的遴选工作，选聘教学、科研能力强的一线教学人员为校内拔尖人才，打造教学核心团队。

第四，实践能力的培育。学校在《南宁学院"双师型"教师培养和管理办法》中，规划实施"双师型"教师培养和管理项目、教师暑期社会实践管理项目，引导教师开展顶岗锻炼、企化挂职等实践锻炼培训。

3.2.1.2 南宁学院师资队伍建设的成效与经验

我们可以看到，南宁学院在师资队伍建设和培育方面取得了一些成效，当然也存在一些问题和不足，以下仅讨论其有哪些值得我们借鉴的经验。

（1）制定"双师双能型"师资建设行动计划，改善师资结构

师资结构的优化是目的；师资的引进和培养是途径；教师素质和能力的提升，教师专业的发展是本质。师资队伍建设的落实不能停留在感性的认识阶段，明确、具体的方案是进行师资队伍建设的关键步骤，师资结构的优化得益于行动方案的引领，分阶段、分层次目标的逐一实现。

（2）调整人才引进政策，向具有实践经历的教师适当倾斜

民办应用型本科院校原有的人才基础薄弱，自行培养的人才还需要较长的时间，而转型发展的战略实施需要高层次人才的引领作用，特别是与学校发展定位匹配的应用型高层次人才。民办高校的优势在于机制灵活，

其可以通过人才引进政策的调整改善高层次人才结构。

（3）创新人才评价机制，重构教师培育体系

民办应用型本科院校长期采用职称评聘这种传统的人才评价考核方式，这种方式的特点在于突出科研导向，使得师资的发展路径与研究型大学一致，难以体现应用型大学对"双师双能型"师资的需求。所以民办、应用型本科院校可以探索符合本校职称的自主评聘办法。

（4）合作伙伴共建发展平台，规范外聘教师管理

目前民办应用型本科院校合作伙伴的办学存在运行不够顺畅的问题，影响了民办应用型本科院校对合作单位师资的开发，也制约了学校自有师资到合作单位挂职、顶岗锻炼等实践培训的开展，限制了"学校—合作单位'构建'双师双能型"师资队伍这条道路的作用。

3.2.2 广州工商学院的案例

广州工商学院是教育部批准设立的民办全日制普通本科院校，创建于1995年，2004年独立设置为广州工商职业技术学院，2014年5月升格本科并更名为广州工商学院；2018年通过学士学位评估，获批成为学士学位授予单位。学院师资队伍结构合理、素质优良；拥有专任教师1 217人，其中具有高级职称的共308人，具有研究生学位的859人，享受国务院政府特殊津贴专家2人。

广州工商学院整体师资数量增长迅速，2017年师资数较2013年增长率达91.3%，其中高级职称数据增长较缓慢，占总数的百分比呈下降趋势，具有硕士、博士学位的高学历人才呈增长趋势，占总数的百分比增长了17.8%。2014年学院升本是改变广州工商学院早年人才流失量大的转折点，人才引进主要倾向于35岁以下的应届硕士毕业生。学院2016年、2017年硕士生引进力度最大，主要按照2018年学士学位评估需求，用于培养本科教学主讲教师。55岁以上的师资基本是公办退休返聘教师，他们在5年内始终维持稳定的数量，占总数的百分比呈下降趋势，2017年数据较2013年同比下降了17.3%，表明广州工商学院对退休返聘教师的招聘比例下调，逐步调整了师资队伍结构。同时，公办退休返聘人员的人才市场呈现萎缩状态，1977年高考恢复后的几届大学生是目前高级职称教师主要来源，受到年龄增大、数量有限等因素影响，民办高校之间互相争取高级职称人才竞争激烈，往后更难招聘到该类型的教师。

3.2.2.1　广州工商学院主要存在的问题

（1）师资队伍薪酬待遇相对偏低

广州工商学院整体师资待遇水平居同类型院校的中等水平，而收入水平与消费均衡值息息相关。消费均衡是指消费者用有限的货币收入实现最大的效用。由于学院所在城市属国内一线城市，房价高，消费水平高，生活成本较大，所以普遍教师仅依靠工资收入在短时期难以在本城市购买房产定居。因此，同一地区生活，广州工商学院的薪酬待遇相对偏低。所以部分教师采取迂回策略，退居附近二、三线城市，通过乘坐校车、自驾车或地铁转乘等方式上班，但这样使教师增加了来回交通成本，身体更加疲惫，这为日后人才流失埋下隐患。随着入职年限增加，年轻教师对收入的期望值随之增高，对比同学、朋友等从事非教育类职业获得的经济收益，容易产生焦虑感以及缺乏成功感。

（2）师资队伍结构不均衡

从年龄上看，师资队伍呈两端高中间低的沙漏型，具有普遍民办高校师资队伍的年龄特征。35岁以下的年轻教师大部分是刚毕业或毕业数年的硕士研究生，他们具有一定的专业水平，活力强，可塑性高，但其教学经验不足，教学实践能力较弱，从站上讲台到逐渐站稳讲台，至少需要数年时间锻炼个人的教学能力。由于他们学历高，思维灵活，部分优秀人员往往会视民办高校为短期锻炼场所，职业的跳板，在获得讲师职称或者更好的发展渠道的情况下，工作3年内离职是比较普遍的。55岁以上教师基本是公办高校退休返聘人员，他们有着丰富的教学经验，拥有公办高校规范化的教学管理模式，热爱教育事业，为广州工商学院的高级职称比例作出巨大贡献。从学历上看，硕士学位以上教师比例超过60%，其中博士以上的高层次人才严重缺乏，比例失调，且绝大部分都是依靠公办高校退休返聘教师，仅有1名是35岁以下的年轻博士，35岁以下本科学历人员较多，他们主要对专科生授课，专科教学在往后几年将慢慢减少，该类教师需要尽快通过学历晋升提高教学水平，以适应学院的本科教学，否则将被学院发展的洪流所淘汰。从职称上看，高级职称人员数量少，中青年的高级职称更是稀少，加强中青年教师培养一直都是广州工商学院促进师资队伍稳定的重点。学院既想他们发展起来支撑大局，但又担心他们发展好了会离开学院。

（3）整体科研竞争力不足

科研建设是加强民办高校师资队伍建设的有效推动力，将科研建设作为师资队伍内涵建设的主要内容来落实，有利于推动教学质量的提高。教师只有通过科学研究，积极争取更多更宽的项目平台，才能为自身成长发展创造更多的有利条件。目前省级、市级科研项目申报多倾向于高层次人才申请，民办高校在申报项目上难以取得立项资格。

（4）中青年教师往公办高校流动

公办高校办学历史悠久，社会影响力大，同时具备多项优势，民办高校师资流动有一个显著特征就是同一地区民办高校与公办高校之间的教师流动几乎都是呈单向的，鲜有公办高校的人才流向民办高校。教师在不同类型的高校所获得的发展机会存在着较大的差异，这在很大程度上隔断了人才双向流动。再者，公办高校的应聘条件、应聘流程比民办高校严格、细致；因此民办高校的教师考入公办高校无疑是对其个人能力的肯定，得到了自我价值的满足。

3.2.2.2 民办高校师资队伍不稳定的教训借鉴

（1）民办高校成为教师职业发展的跳板

民办高校对教师实行市场化的劳动聘用制度，教师受国家劳动法律法规的保护，但在现实中民办高校的教师还是存在着极不安全感，担忧民办高校由于招收不到学生、融资不顺畅甚至是民办高校宣布破产等问题，使得自己的薪酬待遇受损甚至有被解雇的风险，从而影响生活及家庭。这些民办高校的教师因此也会为自己以后的工作、生活做打算，一旦有好的机遇就会离开。其主要表现在以下两个方面：一是高学历的应届毕业生，他们在找到心仪的单位前通常都会"先就业，后择业"，选择民办高校作为自己的事业跳板，有好的机会就会离开。二是中年骨干教师，民办高校培养一名骨干教师要花费不少心血，每个流失的骨干教师都是民办高校用资金、精力以及仅有的平台去培养出来的，每个骨干教师的流失是民办高校师资队伍的重大损失，这也导致了民办高校师资缺少学科专业带头人。每年广州工商学院都会有骨干教师评上高级职称后离开学院流向公办高校，有的是个人主动应聘公办高校，有的是公办高校早已看中，伸出橄榄枝带走的。面对这种情况，广州工商学院都会进行反思，不断在薪酬福利制度上进行改善，务求让骨干教师的总体经济收入与公办高校的持平，甚至未来还要高于公办高校。

（2）民办高校师资队伍资金投入少

我们谈起对民办高校师资队伍经费投入的问题，首先想到的是办学者对师资队伍的重视程度，而现实情况往往是巧妇难为无米之炊。人才引进、薪酬福利待遇改善每一样都需要大量的资金投入，没有坚实的经济基础，再好的策略、再好的行动力也是空谈。民办高校的收入主要来源于学费、校办产业的收益、出资人的自筹经费，走的是一条"以学养学"的道路，经费不足的现象普遍存在。广州工商学院的师资经费主要依靠学校董事会预算拨款，升格为本科院校后教育部门的拨款只剩下综合类的创新强校工程（包括师资建设、教学管理、科研管理、财务管理等几大模块）。然而创新强校工程评分标准和考核是面对所有公办、民办本科类高校，在师资实力雄厚、建设水平遥遥领先的公办高校面前，民办高校获得的考核分数落后较多，获得的奖励资金力度相对较低，两者是不能相提并论的。而创新强校工程项目资金还是一间高校整体获得，最后拆分到师资队伍部分仅有三分之一，仅够用于年度国内访问学者项目，起到的激励作用不大。

（3）教师职业发展需求满足度低

著名美国管理学 Peter F. Drucker 提到，任何组织都必须发展人力资源，一个组织如果不是在帮助成员成长，就是在阻碍他们；不是在培育成员，就是在毁掉他们。教师是民办高校人力资源管理的对象。如何让他们更加符合岗位要求并再进一步发展，是教师职业发展的内在需要。进行有效规划和管理职业生涯发展是处理好民办高校和教师之间关系的最有效措施。教师的满意度是民办高校师资队伍稳定的"激励因素"，只有教师的满意度（包括对职业发展的需求、薪酬待遇、人文关怀等）比较好的时候，民办高校的师资队伍才能有更大的竞争力，这对民办高校而言非常重要。所谓教师满意度指的是在高校之中的教师自身对高校的期望与其具体的感知之间形成的对比关系较满意，也是教师对其自身被需要的一种感受。教师是否满意，与其在组织中对自我的期望和实际状况之间的差距相关，差距大，满意度低；反之，差距小，满意度高。当且仅当这个差距比较小的时候，教师才可能更安心地待在现有民办高校中继续服务，流动性较低。

3.3 经验借鉴

3.3.1 提升教师待遇，解决后顾之忧

民办高校教师的工资待遇普遍低于公办高校教师的工资待遇水平，这已是一个不争的事实。留住高素质和能用得上的人才，已成为民办高校迫切的任务。民办高校要稳定师资队伍，就必须提升教师待遇，让教师待遇有竞争力。鉴于此，我们建议尽快建立教育主管部门和第三方机构共同参与的民办高校监督机制，监督学校的财务收支状况，特别要防止举办者克扣和拖欠教师工资、降低教师福利待遇等违规违法行为的发生。除此之外，民办高校还应树立"以人为本，以师为尊"的理念，更多地运用人文关怀、情感沟通、情绪化管理、民主管理、荣誉或榜样树立、事业发展需要等管理方式，努力创造一个刚柔并济、尊重人才的管理环境，让教师具有强烈的荣誉感、获得感和归属感，充分挖掘教师的潜力，调动他们的主动性、积极性和创造性[1]。

3.3.2 加大培训力度，做好教师职业规划

从民办教育整体来看，教师的培训经费相对欠缺，许多教师很少有机会参与培训学习，其中一个非常重要的原因就是没有相应的经费保障。而将来民办高校的竞争力，归根结底取决于教师队伍的整体素质，师资队伍是推进学校向更高水平发展的战略资源[2]。民高校的举办者和管理者，应每年拿出学费收入的一定比例设立专门的培训基金，确保培训经费充足到位；在培训得到保障的同时，引导教师做好自身的职业规划，有计划地参加各类培训，提升职业竞争力，让自身的职业规划落地生根。

---

① 孙堃伦. 四川省应用型民办本科高校师资队伍建设研究：以四川 X 学院为例 [D/OL]. 昆明：云南师范大学，2019：26 ［2023－3－5］. https://kns. cnki. net/kcms2/article/abstract？v = 3uoqlhG8C475kOm＿zrgu4lQARvep2SAKECTGK3Qt5Vu2Q2KOe7m1Z7OCmkqwdzpyWIVcsD － dp2gcE5B08PNEGQ16IJVIHKO&uniplatform＝NZKPT.

② 同上。

3.3.3 重视教师实践能力，做好"双师型"教师建设规划

民办高校大部分都定位于应用型大学，培养应用型人才，"双师型"教师自然成为衡量应用型大学的重要指标。民办高校应培养"双师型"教师，调整"双师型"教师在教师队伍中的比例。建立一支专业素质强、理论基础扎实的"双师型"教师队伍，不仅响应了党中央关于民办高等教育"产教结合"的号召，也是民办高校整体实力提升的必备条件。在这样的情况下，"双师型"教师的培养必须得到重视，民办高校应认识到"双师型"教师就是学校的竞争力所在，要加大对"双师型"教师的激励力度，使更多的教师愿意投身到一线实践学习中。与此同时，教师也应该转变旧思想，"双师型"教师不仅仅是一个称号，一个晋升跳板。成为"双师型"教师体现的是教学水平的提高，更是综合素质的提升。① 学校不仅要有计划地引进"双师型"教师，更应该大力培养自有教师成为"双师型"教师；坚持"引进来"和"走出去"两条腿走路，有序推进"双师型"教师的建设。

---

① 冷筱. 重庆市民办高校教师队伍建设问题及对策研究：以四所高校为例 [D/OL]. 重庆：重庆师范大学，2018：68 ［2023 - 3 - 11］. https://kns. cnki. net/kcms2/article/abstract？v = 3uoqlhG8C475kOm _ zrgu4lQARvep2SAKZIGKVqfmUZglMduHCK483gk8sbsvbTIKnJrbFs8G5OWR4WWU XZmtp6QqwHdRgOB&uniplatform = NZKPT.

4 民办高校师资队伍建设的 地方实践：以重庆市为例

4.1 重庆市民办高校新时代师资队伍建设概况

4.1.1 重庆市民办高校新时代发展概况

4.1.1.1 重庆市民办高校新时代发展的基本历程

追踪溯源，我国民办高等教育的发展始于春秋时期。其中最有代表性的就是孔子兴办的私学，古有"弟子三千，贤人七十二"的记载。近现代我国的民办高等教育以由外国教会创办的教会大学和国人自办的私立大学为代表，如张焕伦在上海市兴办的正蒙书院。清政府颁布的《奏定学堂章程》促进了私立高等教育的发展。中华民国成立后，政府当局提倡建立新式学堂，鼓励私人办学，私立高校得到了较大的发展。新中国成立后很长一段时期我国实行的计划经济体制，民办学校的发展几乎处于停滞状态，直至改革开放后。

改革开放以来，我国民办高等教育取得了有目共睹的巨大成就和发展。作为直辖市的重庆，在民办高等教育中始终跟随国家发展步伐。重庆市民办高校是在特定的经济历史条件下摸索着发展起来的，多年来经历了从无到有、从小到大、从弱到强的较大变迁。

自 2017 年中国共产党第十九次全国代表大会召开以来，全国高等教育进入了新时代，2018 年 1 月出台了《中共中央 国务院关于全面深化新时代教师队伍建设改革的意见》，这是新中国成立以来，颁布的第一个专门面向教师队伍建设的政策文件，在战略高度上，对新时代教师队伍建设做了全面、具体的部署，因此重庆高等教育特别是教师队伍建设发展也在稳步提升。

由表 4-1 可知，2017—2019 年，重庆市全市拥有普通高等学校均为 65 所，低于全国平均数量，在全国 31 个省（区、市）排名第 21 名；重庆市全市拥有民办普通高等学校 26 所，高于全国平均值（全国平均每省 24 所）。

表 4-1　2017—2019 年重庆市高等教育学校（机构）情况

项目	普通高校			普通高校（民办）		
	2017 年	2018 年	2019 年	2017 年	2018 年	2019 年
重庆市/所	65	65	65	26	26	26
全国平均/所	85	86	87	24	24	24
全国排名	21	21	21	/	/	/

由表 4-2 可知，2017—2019 年，重庆市高等教育普通本、专科毕（结）业生数及在校生数均逐年递增，但均低于全国平均数量，全国排名在 16~18 名。

表 4-2　2017—2019 年重庆市高等教育普通本、专科学生数情况

项目	毕（结）业生数			在校生数		
	2017 年	2018 年	2019 年	2017 年	2018 年	2019 年
重庆市/人	196 414	199 727	200 819	746 859	762 811	834 864
全国平均/人	237 364	243 003	244 687	888 254	913 237	977 912
全国排名	18	18	16	17	18	17

由表 4-3 可知，2017—2019 年，重庆市高等教育学校（机构）教职工人数及专任教师人数均逐年递增，但均低于全国平均数量，在全国的排名在 19~21 名。

表 4-3　2017—2019 年重庆市高等教育学校（机构）教职工情况

项目	教职工数			专任教师数		
	2017 年	2018 年	2019 年	2017 年	2018 年	2019 年
重庆市/人	58 388	59 521	61 954	41 708	42 946	45 537

表4-3(续)

项目	教职工数			专任教师数		
	2017 年	2018 年	2019 年	2017 年	2018 年	2019 年
全国平均/人	78 806	80 243	82 797	52 685	53 960	56 134
全国排名	21	20	20	19	19	19

由 2017—2019 年重庆市高等教育学校（机构）、普通本、专科学生数、教职工数等情况可知，重庆市高等教育成为全国高等教育的中流砥柱，而重庆市民办高等教育已经成为重庆市高等教育甚至全国高等教育事业的重要组成部分。

4.1.1.2 重庆市民办高校现状

截至 2017 年年底，重庆市民办普通高等学校有 26 所（其中本科院校 8 所、高职院校 18 所，见表4-4），民办高校在校人数 216 154 人，其中研究生在校生 0 人、普通本专科在校生 216 154 人［其中本科在校生 113 459 人、高职（专科）生 102 695 人］，成人本专科在校生 5 137 人；独立学院 6 所，在校生 91 572 人。

表 4-4　2017 年重庆市民办高校情况

序号	校名	办学性质	本科/高职高专	建校时间
1	重庆工程学院	民办学院	本科	2001 年
2	重庆人文科技学院	民办学院	本科	2000 年
3	重庆大学城市科技学院	独立学院	本科	2005 年
4	四川外国语大学重庆南方翻译学院	独立学院	本科	2001 年
5	重庆师范大学涉外商贸学院	独立学院	本科	2002 年
6	重庆工商大学融智学院	独立学院	本科	2001 年
7	重庆工商大学派斯学院	独立学院	本科	1999 年
8	重庆邮电大学移通学院	独立学院	本科	2000 年
9	重庆机电职业技术学院	民办学院	高职高专	1971 年
10	重庆海联职业技术学院	民办学院	高职高专	1999 年
11	重庆信息技术职业学院	民办学院	高职高专	2001 年

表4-4(续)

序号	校名	办学性质	本科/ 高职高专	建校时间
12	重庆传媒职业学院	民办学院	高职高专	1997 年
13	重庆房地产职业学院	民办学院	高职高专	1984 年
14	重庆应用技术职业学院	民办学院	高职高专	1946 年
15	重庆科创职业学院	民办学院	高职高专	1993 年
16	重庆电讯职业学院	民办学院	高职高专	2001 年
17	重庆能源职业学院	民办学院	高职高专	2009 年
18	重庆交通职业学院	民办学院	高职高专	2007 年
19	重庆公共运输职业学院	民办学院	高职高专	2010 年
20	重庆艺术工程职业学院	民办学院	高职高专	2010 年
21	重庆轻工职业学院	民办学院	高职高专	2011 年
22	重庆电信职业学院	民办学院	高职高专	2011 年
23	重庆经贸职业学院	民办学院	高职高专	2011 年
24	重庆科技职业学院	民办学院	高职高专	1992 年
25	重庆资源与环境保护职业学院	民办学院	高职高专	2015 年
26	重庆护理职业学院	民办学院	高职高专	2016 年

由表4-5可知，2017 年，重庆市民办高校在职教职工总共 14 896 人，其中专任教师 9 803 人，行政管理人员 2 966 人，专职辅导员 1 173 人，工勤人员 948 人；外聘教师 261 人。截至 2019 年，学校在职教职工共 15 567 人，其中专任教师 10 673 人，行政管理人员 2 704 人，专职辅导员 1 313 人，工勤人员 877 人；外聘教师 213 人。在职教职工增长了 4.55%，外聘教师增长了 34.33%。

表 4-5　重庆市民办高校 2017—2019 年教职工人数　　　　单位：人

项目	2017 年	2018 年	2019 年
在职教职工总人数	14 890	15 069	15 567

表4-5(续)

项目		2017 年	2018 年	2019 年
其中	专任教师	9 803	10 015	10 673
	行政管理人员	2 966	2 899	2 704
	专职辅导员	1 173	1 166	1 313
	工勤人员	948	989	877
外聘教师		2 319	2 657	3 115

重庆市民办高校不断扩大自有专任教师队伍,整体师资队伍的壮大主要来源于专任教师的增加,2019 年专任教师比 2017 年增加了 677 人(占比 4.55%),行政管理人员人数减少 8.83%,专职辅导员人数增加 11.94%,工勤人员人数减少 7.49%。外聘教师也从 2 319 人增长到了 3 115 人,增长率达 34.33%,教师队伍结构进一步优化。

4.1.2 重庆市民办高校师资队伍的基本现状

4.1.2.1 重庆市民办高校教师生师比情况
(1)重庆市民办高校专任教师生师比情况

由表 4-6 及图 4-1 可知,2017—2019 年,重庆高校专任教师本专科在校学生总数逐年增加,但公办高校在校学生数在 2018 年最低,为 497 304 人,同比下降 6.3%;民办高校在校学生数在 2018 年最高,有 265 507 人,同比增长 22.83%;2019 年,总在校学生数为 834 864 人,公办高校在校学生数达 580 538 人(占比 69.54%),民办高校在校学生数达 254 326 人(占比 30.46%)。

表 4-6 重庆市高等教育学校本专科在校学生数统计(2017—2019 年)

单位:人

项目	总在校学生数	公办高校在校学生数	民办高校在校学生数
2017 年	746 859	530 705	216 154
2018 年	762 811	497 304	265 507
2019 年	834 864	580 538	254 326

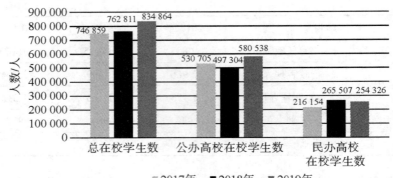

图 4-1　重庆市高等教育学校本专科在校学生数统计（2017—2019 年）

由表 4-7 及图 4-2 可知，2017—2019 年，重庆高校专任教师数逐年增加，2019 年，共有专任教师 46 288 人，公办高校专任教师总数达 34 302 人（占比 74.11%），民办高校专任教师总数达 11 986 人（占比 25.89%）。

表 4-7　重庆市高等教育学校专任教师数统计（2017—2019 年）

单位：人

项目	专任教师总数	公办高校专任教师总数	民办高校专任教师总数
2017 年	42 429	31 453	10 976
2018 年	43 700	32 519	11 181
2019 年	46 288	34 302	11 986

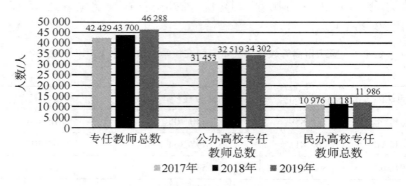

图 4-2　重庆市高等教育学校专任教师数统计（2017—2019 年）

由表 4-8 可知，2017—2019 年，重庆高校专任教师生师比及重庆公办高校专任教师生师比均等于小于 18∶1，符合教育部相关要求，但重庆民办高校专任教师生师比均大于 18∶1，距离达到教育部的要求还有一定距离。

表 4-8　重庆市高等教育学校专任教师生师比统计（2017—2019 年）

项目	重庆高校 专任教师生师比	重庆公办高校 专任教师生师比	重庆民办高校 专任教师生师比
2017 年	18∶1	17∶1	20∶1
2018 年	17∶1	15∶1	24∶1
2019 年	18∶1	17∶1	21∶1

（2）重庆市民办高校专职辅导员生师比情况

重庆市高等教育学校专职辅导员统计情况见表 4-9 和图 4-3。

表 4-9　重庆市高等教育学校专职辅导员数统计（2017—2019 年）

单位：人

项目	专职辅导员总数	公办高校专职 辅导员总数	民办高校专职 辅导员总数
2017 年	3 836	2 663	1 173
2018 年	3 920	2 754	1 166
2019 年	4 215	2 902	1 313

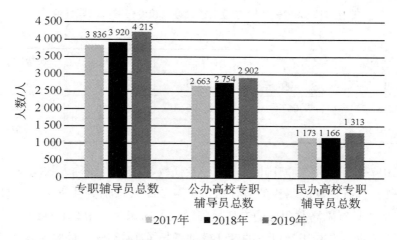

图 4-3　重庆市高等教育学校专职辅导员数统计（2017—2019 年）

由表 4-10 可知，2017—2019 年，重庆高校专职辅导员生师比及重庆公办高校专职辅导员生师比均小于等于 200∶1，符合教育部相关要求，但重庆民办高校 2018 年专职辅导员生师比均大于 200∶1，距离达到教育部的要求还有一定距离。

表 4-10　重庆市高等教育学校专职辅导员生师比统计（2017—2019 年）

项目	重庆高校专职辅导员生师比	重庆公办高校专职辅导员生师比	重庆民办高校专职辅导员生师比
2017 年	195∶1	199∶1	184∶1
2018 年	195∶1	181∶1	228∶1
2019 年	198∶1	200∶1	194∶1

4.1.2.2　重庆市民办高校教师的职称情况

（1）2017—2019 年重庆市民办高校专任教师的职称情况

重庆市民办高校专任教师队伍中，具有高级职称的教师持续增加，特别是副高职称的教师增幅达到 9.47%。从人数来看，除正高级职称外，各职称人数均有不同幅度增长，2017—2019 年，具有正高级职称的专任教师从 700 人减少到 687 人，减少了 1.86%；具有副高级职称的专任教师增长了 9.47%，中级职称的专任教师增长了 6.44%，初级及以下的专任教师增长了 15.76%。具体情况见表 4-11 和图 4-4。

表 4-11　2017—2019 年重庆市民办高校专任教师的职称情况

单位：人

项目	正高级	副高级	中级	初级及以下
2017 年	700	2 586	4 657	3 033
2018 年	667	2 596	4 866	3 052
2019 年	687	2 831	4 957	3 511

2017—2019 年，重庆市公办高校专任教师队伍各职称人数均有不同幅度增长，具有正高级职称的专任教师从 4 263 人增加到 4 869 人，增加了 14.22%；具有副高级职称的专任教师增长了 6.38%，中级职称的专任教师增长了 7.40%，初级及以下的专任教师增长了 14.34%。具体见表 4-12 和图 4-5。

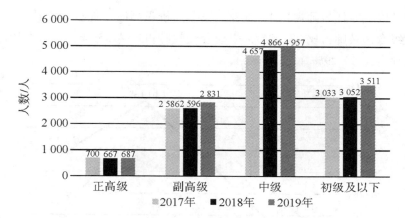

图 4-4　2017—2019 年重庆市民办高校专任教师的职称情况

表 4-12　2017—2019 年重庆市公办高校专任教师的职称情况

单位：人

项目	正高级	副高级	中级	初级及以下
2017 年	4 263	9 633	12 816	4 741
2018 年	4 504	9 880	12 980	5 155
2019 年	4 869	10 248	13 764	5 421

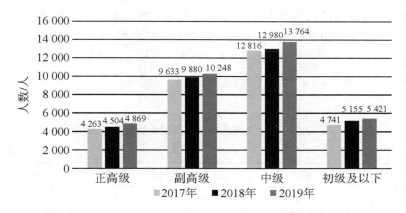

图 4-5　2017—2019 年重庆市公办高校专任教师的职称情况

从职称结构来看，公办高校专任教师队伍以中级职称为主，民办高校专任教师队伍同样以中级职称为主。2019 年，公办高校正高级专任教师占比 14.19%，副高级专任教师占比 29.88%，中级专任教师占比 40.13%，初级及以下专任教师占比 15.80%；民办高校正高级专任教师占比 5.73%，副高级专任教师占比 23.62%，中级专任教师占比 41.36%，初级及以下专任教师占比 29.29%（见图 4-6）。

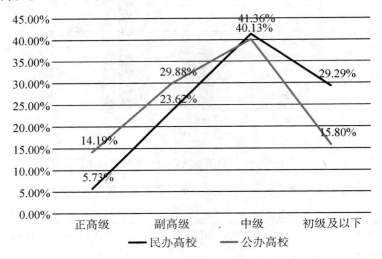

图 4-6　2019 年重庆市公、民办高校专任教师职称情况对比

（2）2017—2019 年民办高校专职辅导员的职称情况

重庆市民办高校专职辅导员队伍中，具有高级职称的教师持续增加，特别是副高职称的教师增幅达到 220%。从人数来看，各职称人数呈上涨趋势，2017—2019 年，具有正高级职称的专任教师从 0 人增加到 3 人；具有副高级职称的专任教师增长了 220%，中级职称的专任教师增长了 62.67%，初级及以下的专任教师减少了 1.05%。具体情况见表 4-13 和图 4-7。

表 4-13　2017—2019 年重庆市民办高校专职辅导员的职称情况

单位：人

项目	正高级	副高级	中级	初级及以下
2017 年	0	5	217	951
2018 年	3	8	282	873
2019 年	3	16	353	941

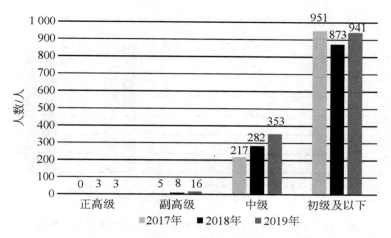

图 4-7　2017—2019 年重庆市民办高校专职辅导员的职称情况

重庆市公办高校专职辅导员队伍中，具有高级职称的教师持续增加，特别是副高职称的专职辅导员增幅达到 24.46%。从人数来看，各职称人数呈上涨趋势，2017—2019 年，具有正高级职称的专职辅导员从 17 人增加到 21 人；具有副高级职称的专职辅导员增长了 23.53%，中级职称的专职辅导员增长了 5.66%，初级及以下的专职辅导员增长了 10.44%。具体情况见表 4-14 和图 4-8。

表 4-14　2017—2019 年重庆市公办高校专职辅导员的职称情况

单位：人

项目	正高级	副高级	中级	初级及以下
2017 年	17	139	1 271	1 236
2018 年	19	152	1 343	1 240
2019 年	21	173	1 343	1 365

从职称结构来看，公办高校专职辅导员队伍以中级职称、初级及以下职称为主，民办高校专职辅导员队伍以初级及以下职称为主。2019 年，公办高校正高级专职辅导员占比 0.72%，副高级专职辅导员占比 5.96%，中级专职辅导员占比 46.28%，初级及以下专职辅导员占比 47.04%；民办高校正高级专职辅导员占比 0.23%，副高级专职辅导员占比 1.22%，中级专职辅导员占比 26.88%，初级及以下专职辅导员占比 71.67%。具体情况见表 4-15 和图 4-9。

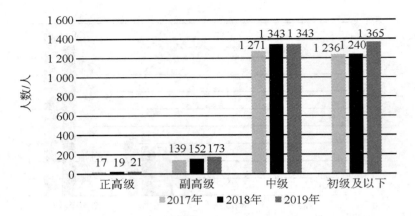

图 4-8　2017—2019 年重庆市民办高校专职辅导员的职称情况

表 4-15　2017—2019 年重庆市民办高校专职辅导员的职称情况

项目	正高级	副高级	中级	初级及以下
民办高校	0.23%	1.22%	26.88%	71.67%
公办高校	0.72%	5.96%	46.28%	47.04%

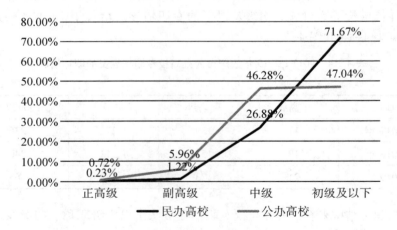

图 4-9　2019 年重庆市公、民办高校专职辅导员职称情况对比

4.1.2.3　重庆市民办高校教师的学历情况

（1）重庆市 2017—2019 年民办高校专任教师的学历情况

重庆市民办高校专任教师队伍学历情况主要分布于硕士、本科及以下，高学历教师的比例变化较为平稳，从增长幅度来看，具有博士学位的

新时代民办高校师资队伍建设研究与实践——以重庆市为例

专任教师从 338 人增加到了 355 人，增长率为 5.03%；具有硕士学位的专任教师增长了 9.63%，学士及以下专任教师增长了 9.05%（见图 4-10）。

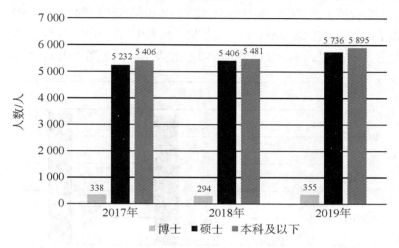

图 4-10　重庆市民办高校专任教师学历情况

重庆市公办高校专任教师队伍学历情况主要分布于博士、硕士、本科及以下，高学历教师的比例变化呈上升趋势，从增长幅度来看，具有博士学位的专任教师从 9 040 人增加到了 11 600 人，增长率为 28.32%；具有硕士学位的专任教师增长了 6.66%，学士及以下专任教师减少了 4.93%（见图 4-11）。

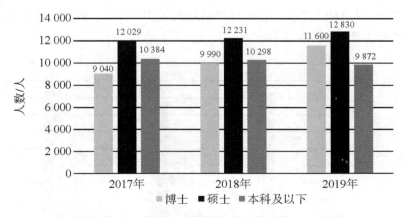

图 4-11　重庆市公办高校专任教师学历情况

从学历学位结构来看，公办高校专任教师队伍仍然以博士、硕士研究生为主，民办高校专任教师队伍仍然以硕士研究生、本科及以下学历为主。2019年，公办高校博士研究生教师占比 33.82%，硕士研究生教师占比 37.40%，学士及以下的教师占比 28.78%；民办高校博士研究生教师占比 2.96%，硕士研究生教师占比 47.86%，学士及以下的教师占比 49.18%（见图 4-12）。

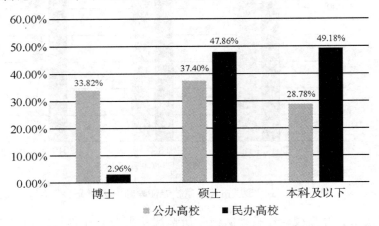

图 4-12　2019 年重庆市公、民办高校专任教师学历情况对比

（2）重庆市 2017—2019 年民办高校专职辅导员的学历情况

重庆市民办高校专职辅导员队伍学历情况主要分布于本科及以下，从增长幅度来看，具有博士学位的专职辅导员从 1 人增加到了 3 人，增长率为 200%；具有硕士学位的专职辅导员增长了 18.92%，学士及以下专职辅导员增长了 7.42%（见图 4-13）。

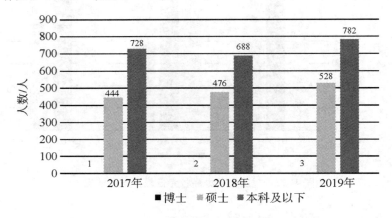

图 4-13　重庆市民办高校专职辅导员学历情况

重庆市公办高校专职辅导员队伍学历情况主要集中在硕士，从增长幅度来看，具有博士学位的专职辅导员从107人增加到了172人，增长率为60.75%；具有硕士学位的专职辅导员增长了4.46%，学士及以下专职辅导员增长了13.69%（见图4-14）。

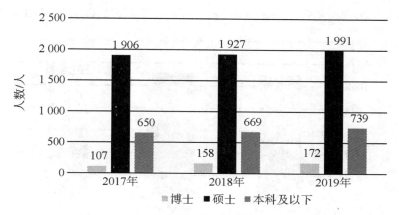

图4-14 重庆市公办高校专职辅导员学历情况

从学历学位结构来看，公办高校专职辅导员队伍仍然以硕士研究生为主，民办高校专职辅导员仍然以本科及以下学历为主。2019年，公办高校博士研究生专职辅导员占比5.93%，硕士研究生专职辅导员占比68.61%，学士及以下的专职辅导员占比25.47%；民办高校博士研究生专职辅导员占比0.23%，硕士研究生专职辅导员占比40.21%，学士及以下的专职辅导员占比59.56%（见图4-15）。

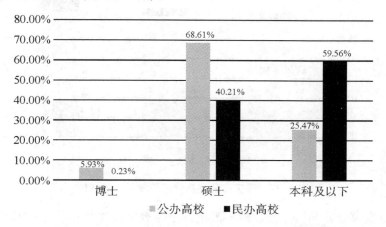

图4-15 2019年重庆市公、民办高校专职辅导员学历情况对比

4.1.2.4　重庆市民办高校教师的年龄情况

（1）重庆市民办高校专任教师的年龄情况

重庆市民办高校专任教师队伍中，青年教师占主体地位，中年教师的增长非常明显。3 年间，35 岁以下的专任教师增加了 313 人，35~54 岁的专任教师增加了 786 人，而 55 岁及以上的教师减少了 89 人（见图 4-16）。

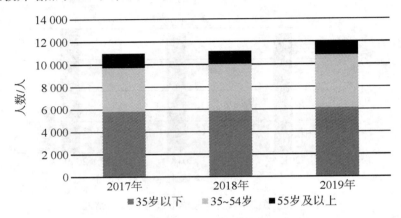

图 4-16　重庆市民办高校专任教师年龄结构

从年龄结构来看，2019 年，35 岁以下的青年教师占 51.26%，35~54 岁的中年教师占比为 39.25%，55 岁及以上的教师占专任教师的 9.49%（见图 4-17）。

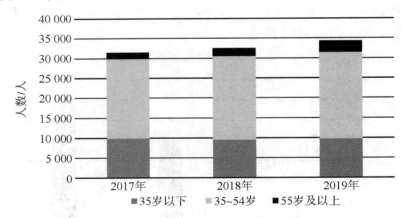

图 4-17　重庆市公办高校专任教师年龄结构

重庆市公办高校专任教师队伍中，中年教师占主体地位且增长非常明显。3 年间，35 岁以下的专任教师减少了 165 人，35~54 岁的专任教师增加了 1 796 人，而 55 岁及以上的教师减少了 1 216 人。

2019 年，重庆市公办高校 35 岁以下青年教师占比 28.62%，而民办高校 35 岁以下青年教师占比达 51.26%，已超过占教师队伍的二分之一，高于所有年龄段占比；重庆市公办高校 35~54 岁中青年教师比例高于 35 岁以下青年教师占比，比例高达 63.23%，而民办高校 35~54 岁比例低于 35 岁以下青年教师占比，比例为 39.25%；重庆市公办高校 55 岁以上老年教师占 8.15%，而民办高校 55 岁以上老年教师占 9.49%，与公办高校较为接近（见图 4-18）。

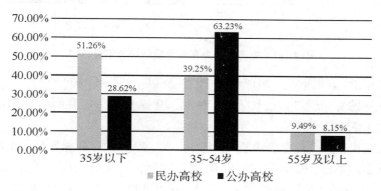

图 4-18 2019 年重庆市公、民办高校专任教师年龄情况对比

所以，总体来看，重庆市民办高校专任教师年龄结构偏年轻化，中年教师不足，中坚力量较为薄弱。

（2）重庆市民办高校专职辅导员的年龄情况

重庆市民办高校专职辅导员队伍中，29 岁以下的专职辅导员占主体地位，30~49 岁的专职辅导员的增长较大，2019 年较 2017 年增长 28%。3 年间，29 岁以下的专职辅导员增加了 5 人，30~49 岁的专职辅导员增加了 129 人，50 岁及以上的专职辅导员增加了 6 人（见图 4-19）。

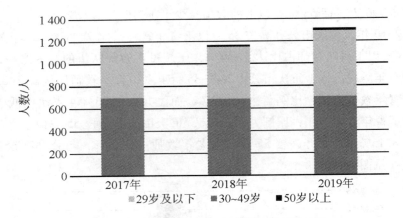

图4-19 重庆市民办高校专职辅导员年龄结构

从年龄结构来看，2019年，29岁及以下的专职辅导员占53.54%，30~49岁的专职辅导员占比为44.94%，50岁及以上的专职辅导员占专任教师的1.52%。

重庆市公办高校专职辅导员队伍中，30~49岁的专职辅导员占主体地位且增长非常明显。3年间，29岁及以下的专职辅导员减少了112人，30~49岁的专职辅导员增加了313人，而50岁及以上的专职辅导员增加了38人（见图4-20）。

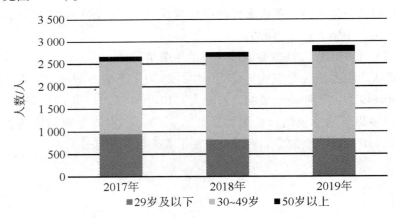

图4-20 重庆市公办高校专职辅导员年龄结构

2019 年，重庆市公办高校 29 岁以下专职辅导员占比 28.88%，而民办高校 29 岁以下专职辅导员占比达 53.54%，已超过占专职辅导员队伍的二分之一，高于所有年龄段占比；重庆市公办高校 30~49 岁专职辅导员比例远高于 29 岁以下专职辅导员占比，比例高达 66.61%，而民办高校 30~49 岁专职辅导员比例低于 29 岁以下专职辅导员占比，比例为 44.94%；重庆市公办高校 50 岁以上专职辅导员占 4.51%，而民办高校 50 岁以上专职辅导员占 1.52%。具体情况见图 4-21。

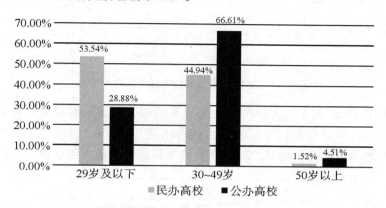

图 4-21 2019 年重庆市公、民办高校专职辅导员年龄情况对比

所以，总体来看，重庆市民办高校专职辅导员年龄结构偏年轻化，中年专职辅导员不足，中坚力量仍较为薄弱。

4.1.2.5 重庆市民办高校教师的性别情况

（1）重庆市民办高校专任教师的性别情况

如图 4-22 所示，2017—2019 年，重庆市民办高校男性专任教师数量逐年减少，2019 年男性专任教师数量占比低至 45.4%；重庆市民办高校女性专任教师数量逐年增多，2019 年女性专任教师数量占比达 54.6%。

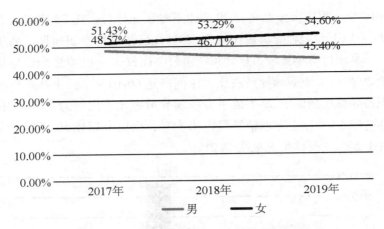

图 4-22　重庆市民办高校专任教师性别情况

如图 4-23 所示，2017—2019 年，重庆市公办高校男性专任教师数量逐年减少，2019 年男性专任教师数量占比达 53.09%；重庆市公办高校女性专任教师数量逐年增多，2019 年女性专任教师数量占比达 46.91%。

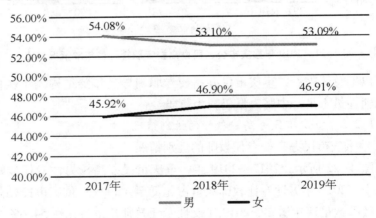

图 4-23　重庆市公办高校专任教师性别情况

如图 4-24 所示，2019 年，重庆市民办高校女性专任教师占比 54.60%，高于公办高校女性专任教师占比，而民办高校男性专任教师占比 45.40%，低于公办高校男性专任教师占比。

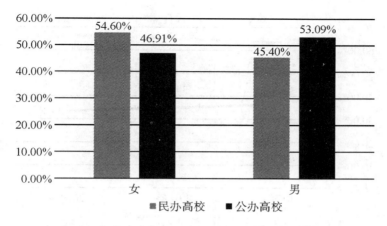

图 4-24　2019 年重庆市公、民办高校专任教师性别情况对比

（2）重庆市民办高校专职辅导员的性别情况

如图 4-25 所示，2017—2019 年，重庆市民办高校男性专职辅导员占比变化较为稳定，2018 年占比最少，为 33.79%；2019 年占比有所回升，达 34.73%；重庆市民办高校女性专职辅导员占比在 63.85%~66.21%，在 2018 年占比达到最高值 66.21%，为当年男性专职辅导员数量的 1.96 倍。

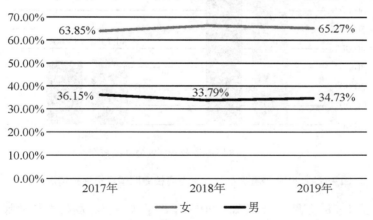

图 4-25　重庆市民办高校专职辅导员性别情况

如图 4-26 所示，2017—2019 年，重庆市公办高校男性专职辅导员数量逐年减少，2019 年男性专职辅导员数量占比低至 33.46%；重庆市公办高校女性专职辅导员数量逐年增多，2019 年女性专任教师数量占比达 66.54%。

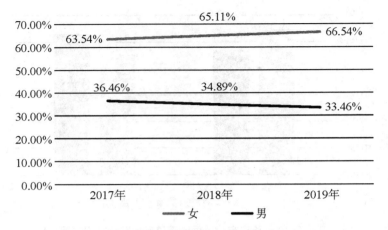

图 4-26　重庆市公办高校专职辅导员性别情况

如图 4-27 所示，2019 年，重庆市民办高校女性专职辅导员占比 65.27%，低于公办高校女性专职辅导员占比，而民办高校男性专职辅导员占比 34.73%，高于公办高校男性专职辅导员占比。

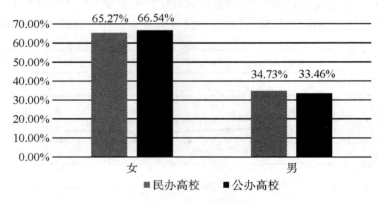

图 4-27　2019 年重庆市公、民办高校专职辅导员性别情况对比

由图 4-28 及表 4-16 可知，2019 年，重庆市民办高校专任教师学科分布于 12 个学科，主要分布在工学、文学、管理学、理学、艺术学、教育学、经济学等学科中，其中管理学占比 11.86%，工学占比 33.40%，文学占比 13.31%，经济学占比 6.70%，理学占比 9.06%。

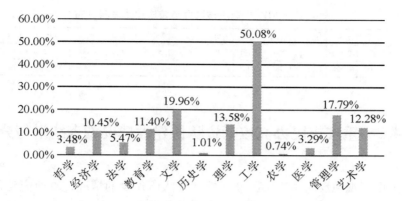

图 4-28　2019 年重庆市民办高校专任教师情况

表 4-16　2019 年重庆市民办高校专任教师情况

专业	哲学	经济学	法学	教育学	文学	历史学	理学	工学	农学	医学	管理学	艺术学
人数/人	417	1 252	656	1 367	2 393	121	1 628	6 003	89	394	2 132	1 472
百分比	2.37%	6.70%	3.64%	7.60%	13.31%	0.67%	9.06%	33.40%	0.50%	2.19%	11.86%	8.19%

4.1.2.6　重庆市民办高校学生专业情况

由图 4-29 及表 4-17 可知，2019 年，重庆市民办高校毕业生学科主要分布于 10 个学科，如管理学、工学、文学、艺术学、经济学等。其中管理学占比 33.91%，工学占比 21.33%，文学占比 19.17%，经济学占比 9.06%，另外哲学、历史学及医学占比均为零。

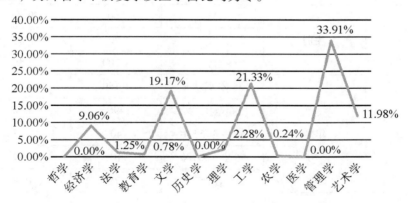

图 4-29　2019 年重庆市民办高校毕业生学科分布情况

表 4-17　2019 年重庆市民办高校毕业生学科分布

学科	哲学	经济学	法学	教育学	文学	历史学	理学	工学	农学	医学	管理学	艺术学	合计
学生数/人	0	2 419	335	208	5 121	0	608	5 698	65	0	9 058	3 199	26 711
百分比	0.00%	9.06%	1.25%	0.78%	19.17%	0.00%	2.28%	21.33%	0.24%	0.00%	33.91%	11.98%	100%

4.2　重庆市民办高校师资队伍建设情况调查结果与分析

为更客观地反映重庆市民办高校师资队伍建设的情况，本研究运用调查问卷法，采用网络随机调查的方式针对重庆市民办高校（包含本科、专科及高职）师资队伍建设情况进行调查，调查对象为重庆市各民办高校的教师，调查的具体内容详见调查问卷（见附件 1），最终收到 1 700 份有效的调查问卷，问卷调查的结果及分析如下。

4.2.1　调查对象的基本情况

调查对象的基本情况包括性别、年龄、从事教师行业的工作年限、最高学位、职称和工作岗位 6 个方面。具体情况如表 4-18 所示。

表 4-18　调查对象的基本情况

序号	类别		数量/人	比例/%
1	性别	男	500	29.41
		女	1 200	70.59
		合计	1 700	100
2	年龄	35 岁及以下	1 160	68.24
		36 至 45 岁	490	28.82
		46 岁至 55 岁	40	2.35
		56 岁至 60 岁	10	0.59
		合计	1 700	100

表4-18(续)

序号	类别		数量/人	比例/%
3	从事教师行业的工作年限	三年及以下	500	29.41
		三至五年	330	19.41
		五至十年	400	23.53
		十年以上	470	27.65
		合计	1 700	100
4	最高学位	博士	20	1.18
		硕士	1 340	78.82
		本科	340	20
		合计	1 700	100
5	职称	无	390	22.94
		初级	350	20.59
		中级	850	50
		副高级	110	6.47
		合计	1 700	100
6	工作岗位	教师岗位	1 310	77.06
		辅导员岗位	150	8.82
		行政岗位	240	14.12
		合计	1 700	100

在性别方面，女教师占比达70.59%，男教师占比为29.41%，说明重庆市民办高校女教师占绝大多数；在年龄方面，35岁及以下教师占比最高，占比为68.24%，56～60岁的教师占比最少，为0.59%；在从事教师行业的工作年限方面，三年及以下教师占比最高，达29.41%，三至五年教师占比最低，为19.41%；在最高学位方面，硕士占比最高达78.87%，本科占比达20%，博士最低，占比为1.18%；在职称方面，具有中级职称的教师最多，达50%，副高级职称教师人数最少，为6.47%；在工作岗位方面，教师岗位人数最多，达77.06%，行政岗位人数次之，达14.12%，辅导员岗位人数最少，为8.82%。

4.2.2 调查对象所在学校培训情况

调查对象所在学校的培训情况包括岗位的培训机会及培训方式两个方面。具体调查结果如表4-19所示。

表4-19 调查对象所在学校培训情况

序号	类别		数量/人	比例/%
1	岗位的培训机会 （单选）	非常少	380	22.35
		较少	470	27.65
		一般	680	40
		非常多	140	8.24
		很多	30	1.76
		合计	1 700	100
2	培训方式 （多选）	专题讲座	1 110	65.29
		网络培训	1 010	59.41
		研讨班	410	24.12
		进修班	400	23.53
		访问学者	310	18.24
		其它	260	15.29

在岗位培训机会方面，680人（40%）认为单位提供的岗位培训机会一般，470人（27.65%）认为单位提供的岗位培训机会较少，380人（22.35%）认为单位提供的岗位培训机会非常少，只有170人（10%）认为单位提供的岗位培训机会是多的。可见，在岗位培训机会方面，调查对象所在工作单位提供的岗位培训机会是欠缺的。

在培训方式方面，被选择的培训方式的频次从高到低依次为专题讲座（1 110次）、网络培训（1 010次）、研讨班（410次）、进修班（400次）、访问学者（310次）及其他（260次）。可见高校主要采用的是专题讲座和网络培训的方式（见表4-19）。

4.2.3 调查对象满意度情况

调查对象满意度情况包括师德师风建设、工作现状、培训内容及培训方式、教职工考核方式、师资管理、职称评定方案 6 个方面。具体调查结果如表 4-20 所示。

表 4-20　调查对象满意度调查情况

序号	类别		数量/人	比例/%
1	师德师风建设	不满意	110	6.47
		较不满意	100	5.88
		一般	510	30
		较满意	640	37.65
		满意	340	20
		合计	1 700	100
2	工作现状	不满意	230	13.52
		较不满意	140	8.24
		一般	650	38.24
		较满意	540	31.76
		满意	140	8.24
		合计	1 700	100
3	培训内容及培训方式	不满意	300	17.65
		较不满意	220	12.94
		一般	640	37.65
		较满意	400	23.53
		满意	140	8.24
		合计	1 700	100
4	教职工考核方式	不满意	240	14.12
		较不满意	310	18.24
		一般	750	44.12
		较满意	280	16.47
		满意	120	7.06
		合计	1 700	100

表4-20(续)

序号	类别		数量/人	比例/%
5	师资管理	不满意	280	16.47
		较不满意	200	11.76
		一般	630	37.06
		较满意	480	28.24
		满意	110	6.47
		合计	1 700	100
6	职称评定方案	不满意	310	18.24
		较不满意	250	14.70
		一般	700	41.18
		较满意	360	21.18
		满意	80	4.70
		合计	1 700	100

在师德师风建设方面，较满意的教师占比最高，达37.65%，其次为满意度一般的教师，占比为30%，较不满意的教师占比最低，为5.88%；在工作现状方面，满意度一般的教师占比最高，达38.24%，其次为较满意的教师，占比为31.76%，较不满意和较满意的教师占比最低，均为8.24%；在培训内容及培训方式方面，满意度一般的教师占比最高，达37.65%，其次为较满意的教师，占比为23.53%，满意的教师占比最低，为8.24%；在教职工考核方式方面，满意度一般的教师占比最高，达44.12%，其次为较不满意的教师，占比为18.24%，满意的教师占比最低，为7.06%；在师资管理方面，满意度一般的教师占比最高，达37.06%，其次为较满意的教师，占比为28.24%，满意的教师占比最低，为6.47%；在职称评定方案方面，满意度一般的教师占比最高，达41.18%，其次为较满意的教师，占比为21.18%，满意的教师占比最低，为4.71%（见表4-20）。

4.2.4 其他调查情况

其他调查情况包括提高学历学位意愿、学校对员工的职业生涯规划重视程度、工作是否具有挑战性、税后月平均收入（实际发到工资卡上的金额）等4个方面。具体调查结果如表4-21所示。

表4-21　其他调查情况

序号	类别		数量/人	比例/%
1	提高学历学位意愿	是	1 260	74.12
		否	440	25.88
		合计	1 700	100
2	学校对员工的职业生涯规划重视程度	十分重视	130	7.65
		比较重视	420	24.71
		一般	680	40
		不重视	470	27.64
		合计	1 700	100
3	工作是否具有挑战性	很有挑战性	1 110	65.29
		较有挑战性	1 010	59.41
		一般	410	24.12
		没有挑战性	400	23.53
		合计	1 700	100
4	税后月平均收入（实际发到工资卡上的金额）	3 000 元以下	240	14.12
		3 000~5 000 元	1 110	65.29
		5 000~7 000 元	300	17.65
		7 000 元以上	50	2.94
		合计	1 700	100

　　在提高学历学位意愿方面，大多数调查对象并没有局限于目前的学位水平，有1 260人（占比74.12%）有提高自己学历的打算，所以在提高教师学历学位方面，高校应该给予重视，在有条件的情况下，尽可能搭建教师学历提升平台，向教师提供提高学历的机会；在学校对员工的职业生涯规划重视程度方面，680人（40%）认为一般，470人（27.64%）认为不重视，420人（24.71%）认为比较重视，130人（7.65%）认为十分重视，所以高校应加强对员工的职业生涯规划的重视；在工作挑战性方面，

780 人（45.88%）认为自己的工作较有挑战性，320 人（18.82%）认为自己的工作很有挑战性，500 人（29.41%）认为自己的工作挑战性一般，100 人（5.88%）认为自己的工作没有挑战性；在高校教师税后月平均收入（实际发到工资卡上的金额）方面，1 110 人（65.29%）税后月平均收入为 3 000~5 000 元，300 人（17.65%）税后月平均收入为 5 000~7 000 元，240 人（14.12%）税后月平均收入为 3 000 元以下，50 人（2.94%）税后月平均收入为 7 000 元以上（见表 4-21）。

4.3　重庆市民办高校新时代师资队伍建设的经验

在我国科教兴国的战略布局中，民办高等教育担负着培养高级技能型人才和知识创新、技术创新的重要任务，民办高校要成为培养创造性人才的摇篮、知识创新的中心和动力所在。民办高校要建设一支高质量的教师队伍，进行学术创新，从而推动经济发展和社会进步。重庆市的民办高校自设立以来，都极为重视师资队伍建设，并根据学校自身的实际情况，为求教师队伍良性发展，积极探索各校具备自身特色的机制和策略。从重庆市各民办高校师资队伍建设的现状看，其主要有以下一些基本做法：

4.3.1　体制机制

根据国务院三十号文件及最新修订的《民办教育促进法》，目前民办教育在我国高等教育中占有重要地位，但由于发展时间不长，经验有所欠缺，而且现行的民办高校在师资队伍建设方面只是对发展方向和规划做出了指引性规定，还存在不够完善的地方。因此，民办高校要进一步完善和落实师资队伍建设。民办高校师资队伍建设体制机制包含多元的师资结构，对青年教师的"传、帮、带"，绩效考核，人才引进，教师队伍的晋升，教师队伍的退出和淘汰 6 个方面，而在重庆共有 26 所民办高校，最早的成立于 2001 年，经过 20 多年的探索、改革和发展，在师资队伍建设的体制机制方面已初见成效，有的甚至突破传统构建起自成体系的师资结构，主要体现在以下几方面：

4.3.1.1　多元的师资结构

民办高校教师队伍具有来源渠道多样化、年轻化、流动性高、主观性强等特征。首先，我国的民办高校由于其自身发展条件的限制，在师资队伍建设方面不断出现新的需求且存在着很多问题，这就迫使民办高校从多个渠道引进教师，以满足教学需求。从重庆市民办高校的现状来看，重庆市民办高校的教师来源主要有五个：第一个来源，也是最主要的来源，是招聘各院校的应届毕业生；第二个来源是返聘退休老教授；第三个来源是面向行业及院校招聘兼职教师；第四个来源是从其他民办高校或合作企业调入；第五个来源是由校内行政管理人员转岗教师。因此，多元的师资结构是整个重庆市民办高校中师资团队共性的地方之一。例如 A 学院打造"一体两翼"师资团队：以来自全国知名高校和具有海外留学背景的优秀硕（博）士为本校教师的主体，"一翼"为来自行业、企业的杰出中高级管理人员组成的"双师型"教师团队，"一翼"为来自母体学校的优秀教师组成的高水平"学术型"教师团队。B 学院打造"三师型"教师队伍，"三师型"教师是指既能传授专业理论知识，又能指导专业实践，还能帮助学生进行职业生涯设计的高校教师，具有类似讲师+某个专业技术职称（双师）+职业指导（教）师的专门人才。C 学院实施"双百工程"，即"百名专家进课堂、百名教师进企业"，密切了产教融通、校企合作。D 学院多措并举打造"双师型"教师队伍：实施教师素质提高计划，每个教师每年至少 1 个月在企业或实训基地实训，落实教师 5 年—周期的全员轮训制度；探索组建高水平、结构化教师教学创新团队，教师分工协作进行模块化教学；定期组织选派专业骨干教师赴国外研修访学。E 学院通过实施"三青"（即青年新秀、青年骨干、青年英才）计划，支持和激励教师积极投入教学和科研工作，使其尽快成长为学校教学科研的中坚力量。

4.3.1.2 对青年教师"传、帮、带"的机制

高校教师是高知识分子，特别注重实现自身价值。民办高校为教师建立实现价值的终身教育培训机制具有不可控制性和长期积累性。针对中青年教师，学校可以根据自身的发展特点，制定中长期师资队伍建设规划。学校应扣紧区域经济的产业特点，确定教师专业、知识结构；定期对师资队伍进行培训，增强师资队伍的实力，提升学院的整体管理能力和教学能力；"传、帮、带"制度化，重点培养中青年骨干教师；既从外校引进高级职称教师增强学校的师资力量，又充分利用这类教师培养新毕业的青年教师，锻炼培养自己的骨干力量，达到内外兼修目的；将青年教师的培养工作列入高级职称教师的工作范畴中，充分发挥高级职称教师的作用，为中青年教师提升自我指明方向，整体提升教师队伍的实力。例如 A 学院实施"青年教师导师制"，坚持以科学人才观为指导，贯彻人才强校的发展战略，充分发挥中青年教师在培养青年教师中的"传、帮、带"作用，促使青年教师尽快适应高校教师岗位，熟悉高校教育教学规律，树立良好的师德师风，全面提高教师技能和业务水平，承担起教书育人的重任。青年教师导师制的有效实施，将有利于提高 A 学院师资队伍的整体素质，确保 A 学院人才培养质量的不断提高。B 学院充分发挥老教师对青年教师的"传、帮、带"作用，帮助青年教师过好教学关、科研关。

4.3.1.3 绩效考核机制

建立适合民办高校实际的绩效考核机制，是做好教师考评与激励的重要措施。绩效考核即是指对照工作目标或绩效标准，对员工的工作行为及取得的工作业绩进行评估，并根据考核结果对员工今后的工作行为进行正面引导的方法和过程。民办高校应建立合理的教师绩效评价体系，并将绩效作为教师薪酬的重要依据，充分发挥薪酬的激励作用。在绩效评价体系的构建过程中，民办高校应结合自身的办学特色和目标，对不同类别的教师设置不同的考核体系。纵观重庆市各民办高校，许多高校已经在教学、科研、社会服务等方面形成了绩效考核机制，有各种形式的考核方式，如"德、能、勤、绩"考核模式、360 考核模式、KPI 考核模式、诚信绩效考核等，并且有效实施，并将教师考核评价作为教育改革和师资队伍建设的重要内容，在学校章程中基本都有关于"教职工考核"的相关要求。重庆市民办高校的教职工主要有教学和管理两大类，教师在整个教育中担当着重要的角色，教师的质量与素质直接影响着教学质量。管理人员在整个高校发展过程中承担着为全校教职工、学生进行全方面服务的工作，管理人员能力和水平对教学质量的影响也是不容忽视的。如 A 学院采用 360 度考评办法，对教师评估采取多元化方式进行考评，包括教师自我考评、学生评教、专家评审、教学管理部门考核、院部考评、同事考评等。B 学院人力资源处制定了一系列与考核相关的措施，从制度上保障了自主管理体系的实施；学校财务处专门划拨了考核经费，从经济上保障了该项工作的实施。C 学院在接受教育部评估期间，建立了教师评价指标库，该指标库设定了 4 个一级指标、12 个二级指标，28 个观测点。考核主要包括师德师风、教学工作量、科研工作量、教学质量、学生满意度等方面。教师评价指标库的健全和完善，使得该学院的绩效考核工作逐步走向正轨，并引导教师不断提高教学和科研水平。D 学院在绩效考核中，不仅注重量，还注重质。其将绩效考核分为常规绩效考核和竞争性绩效考核，并对行政管理人员、专职教师、专职辅导员、工勤人员分类考核。

4.3.1.4 人才引进机制

随着人才的竞争及学校自身的发展，近几年来重庆市民办高校也完善了学校的人才引进政策，并且彼此之间相互学习，完善人才引进机制。目前重庆有 8 所民办本科高校都建立了自己的人才引进政策和制度，其对本校的人才进行了分类，主要有以下四类：

①高层次人才。高层次人才包括院士、享受国务院政府特殊津贴的特殊人才、巴渝学者、博士、教授、副教授等。重庆市民办本科高校逐步实施了本校的高层次人才的引进政策，但目前还不完善，不过有少部分学校已经探索出了符合本校的引进条件。如在对博士的引进中，对照公办高校，设置安家费、科研启动费，而有的学校"以结果导向制"出台了"个性化"的引进政策。所谓"个性化"的引进政策，是指"个人工作量""个人贡献度""个人劳动合同""个人薪酬"，即 4 个"个性化"引进政策。另外还有学校根据重庆市引进政策"为我所用，但不为我所有"的思想，加大对院士、巴渝学者、享受国务院政府特殊津贴的特殊人才等进行引进，建立院士工作站。

②学校紧缺人才，即紧缺专业的高级人才。部分高校在这方面加大培养应届毕业生。

③行业人才。各高校都在积极推进校地、校企、校校合作，共建校外实习实训基地。与地方政府、经济技术开发区、行业企业和国内外应用技术大学紧密合作，资源共享，共建校外实习实训基地，按教学计划，积极引进来自行业、企业的杰出中高级管理人员组成的"双师型"教师团队。

④一般人才。一般人才即指学校以最低标准引进的人才，是为了正常开展日常教学科研工作而引进的，这部分人才引进的对象通常是高校的应届毕业生，同时也是学校重点培养的对象之一。而在重庆市民办高校中，对于一般人才引进的界定，各学校标准不一致。如 A 学院最低要求为全日制硕士毕业研究生，B 学院最低要求为全日制本科毕业生。

4.3.1.5 教师队伍的晋升机制

民办高校办学体制是有效补充我国公立高校教育资源不足的一种教育体制，为我国的人才培育事业做出了不可忽视的贡献。在我国政府简政放权工作不断深化的社会背景下，民办高校办学的自主权进一步扩大，从而更有利于院校依据自身的建设水平和社会现实需要培育出更具创新能力的人才。职称评审制度是一种有效进行人才考核的方法，民办高校应当合理安排好职称评审工作，从而促进师资人才队伍水平不断提升。此外，民办高校职称评审权下放有利于推进我国民办高校的发展，帮助民办高校建立更具吸引力的教师队伍晋升机制，激励并给予民办高校教师更多的发展机会。

根据教育部等国家部委联合印发的《关于深化高等教育领域简政放权放管结合优化服务改革的若干意见》及重庆市"放管服"相关文件的要求，高校可采取自主评审、联合评审或委托评审的方式开展教师职称评审工作。其中教师高级职称评审权直接下放至高校，但教授、副教授评审权不得下放至院（系）一级；在2019年前全面下放教师系列的高级、中级职称评定，研究系列的中级、实验系列的中级职称评定。

在2019年以前，重庆市民办高校主要是依托于母体学校的评审资格、评审权以及评审条件；其次依托于市教委的评审资格、评审权以及评审条件。但在2019年后，重庆市所有的民办高校将全面承担教师职称的评审工作，这就意味着重庆市所有民办高校拥有了教师晋升的执行权和管理权，同时也意味着这些学校将在市教委相关部门的指导下完成本校的职称评审和执行工作。除了教师职称晋升之外，有的学院年度考核优秀的教职员工会被选派到国外优秀的大学进行培训。如A学院教职工连续三年被评为优秀，可享受集团提供的游学高端培训。而B学院在科研、职称、"双师型"资格认定中，制定奖励机制，加大资金投入，直接奖励在这三个方面符合条件、获得成果的教师及指导老师。鼓励学院内教师主动往科研型、高职称、"双师型"人才方向发展，形成学院自生的骨干教师队伍，提升学院整体水平。这种方式既能向学院提供更高素质的人才，减轻学院招聘这三类教师的难度，还能降低用人成本，有利于学院的可持续发展。

4.3.1.6 教师队伍退出和淘汰机制

退出和淘汰机制作为民办高校教师队伍建设的一条重要途径，有利于营造一个较好的竞争环境，推动民办高校教师整体水平的提高。民办高校应根据各学科不同的特点、不同岗位要求，科学合理地设定考核标准和评价指标体系，同时注重学术成果的质量测评，力求考核结果客观、公正、准确，真正做到"优胜劣汰"，用科学公正的考评机制吸引稳定人才。

A 学院实施完善人才退出机制。以岗位管理为基础，完善按合同管理的用人机制，学校将教授二级岗以下的岗位聘用权限下放至各教学科研单位，由各单位自主开展聘用工作，各单位可以实行低职高聘或高职低聘。对达不到岗位要求的教师降低岗位等级或转聘其他岗位，学校建立转岗培训制度，培训后能够胜任相关工作的安排到相应工作岗位，仍不能胜任工作的解除聘用合同。

B 学院首期合同期为三年，第二期为七年，实施年度考核标准，要求应届硕士毕业研究生在入职两年内评中级，若未达到要求，到期不再续聘；具有社会专业技术职称的教师，院内聘用职称可在其职称基础上提高一档，但需两年内转聘。

4.3.2 配套政策

基于重庆市民办高校师资队伍建设的现状，重庆市民办高校积极改善师资队伍建设的外部环境，制定并出台了保障教师合法权益的政策与制度，建立教师资格认定制度和资源配置市场；同时，也加强了民办高校师资队伍的培养与管理，提高教师起点，建立科学的激励机制，制定教师业务水平提高的保障配套政策。

自 2017 年以来，伴随着《中华人民共和国民办教育促进法》的修订及国家指导意见的贯彻，重庆市积极出台了促进民办教育健康发展的相关政策，重庆市各民办高校也都作了相应的配套政策，例如在多元师资结构方面，有的民办高校按照"双师型"要求，学校对现职教师进行培训，并为其参加实践锻炼提供机会；同时，学校大力推进合作企业专业人员到学校兼职教师，制定并下发了《加强"双师型"教师引进工作的实施意见》。有的民办高校按照"一体两翼"师资构建战略，为更好地发挥各类师资源对学院的带动和引领作用，改善学院综合师资结构，配套了"双师型"教师、"客座教授""学术型教授""产业教授"的相关教师资格认定文件。

在青年教师"传、帮、带"方面，有的民办高校制定并出台《青年教师导师制实施办法》，加强学院青年教师的培养，充分发挥中老年教师的"传、帮、带"作用，推进学院的人才培养、教学改革和科学研究工作。在绩效考核机制方面，有的高校按行政管理人员、专职教师、专职辅导员、工勤人员分类别制定并出台了绩效考核办法。另外，除了常规绩效外，为打造精干高效管理团队，进一步提升绩效薪酬的激励效果、提高教职工的工作满意度、发挥民办体制优势，更好地引进、稳定和激励各类优秀人才及团队，加强学校师资队伍建设，民办高校还制定并出台了竞争性绩效考核办法。在人才引进方面，有的高校为建设一支政治素质好、业务水平高、年龄及学历结构合理的师资队伍，提高学校教师队伍的整体素质，制定并出台了《高层次人才引进计划》《人才引进管理实施办法》等文件，加大引进优秀人才来校工作的力度，使人才引进工作更好地为学校学科建设和教学、科研服务。在教师晋升方面，2019年教师职称评审全面下放高校，下放职称评审权是落实高等学校办学自主权的重要体现，是打造高水平教师队伍、促进高等教育发展的重要举措，这对于民办高校来说，既是机遇，又是挑战。有的民办高校制定并出台了《专业技术职务评聘工作实施细则》；有的民办高校实行"评聘结合"改革，完善专业技术职务聘任制度，由高校根据岗位相关聘任条件直接聘任，聘用条件包含原来评职称的条件，竞争上岗。"评聘结合"的聘任制度起到了调节内外不平等的作用，使外部引进与内部培养的人才得到同等对待。

4.3.3　师德师风建设

教师职业道德关乎教育事业的长期稳定发展，高校师德师风建设是高等教育改革和发展的重要组成部分。良好的师德师风是高等学校全面贯彻党的教育方针，提升教育教学质量，培养造就高素质中国特色社会主义建设人才的根本保证。对于民办高校而言，师德师风更是衡量办学质量和管理水平的重要依据。民办高校应以国家《高等教育法》《高等学校教师职业道德规范》以及新的《民办教育促进法》及配套文件等上位文件为依据，以习近平总书记在全国高校思想政治工作会上的讲话为指导思想，依法依章积极参与师德师风建设，确定师德建设科学目标，完善师德建设可行制度，维护教师队伍稳定和谐，提高教职工整体道德文化素质水平，探索出一条适合民办高校实际师德师风之路，使广大民办高校教师坚持教书和育人相统一，坚持言传和身教相统一，坚持潜心问道和关注社会相统一，坚持学术自由和学术规范相统一，引导广大教师以德立身、以德立学、以德施教。

（1）向教师旗帜鲜明地提出"爱国守法、教书育人、为人师表、敬业爱岗、严谨治学、乐于奉献"的师德师风规范和基本要求。民办高校教师流动性大、师资队伍不稳定，从短期看会直接影响教学质量，从长远看则会影响这类院校的办学水平及办学质量的提高，民办高校更应加强师德师风建设，旗帜鲜明地提出师德师风规范和基本要求。民办高校教师应爱国守法，贯彻党和国家教育方针，依法履行教师职责；忠诚人民教育事业，以人才培养、科学研究、社会服务和文化传承创新为己任；恪尽职守，甘于奉献；关爱学生，严格要求学生，公正对待学生，做学生良师益友；坚持育人为本，立德树人；遵循教育规律，实施素质教育；注重学思结合，知行合一，因材施教，不断提高教育质量；弘扬科学精神，勇于探索，追求真理，修正错误，精益求精；秉持学术良知，恪守学术规范；勇担社会责任，传播优秀文化，普及科学知识；学为人师，行为世范；淡泊名利，志存高远；树立优良学风教风，以高尚师德、人格魅力和学识风范教育感染学生；自尊自律，清廉从教，以身作则。

（2）建立师德师风建设的长效机制，加强师德师风教育，提高教师思想政治素质，树立正确的教师职业理想，提升教师职业道德水平，增强教师教书育人的责任感和使命感。把立德树人的成效作为检验民办高校一切工作的根本标准，把师德师风作为评价教师队伍素质的第一标准，严格制度规定，强化日常教育督导，加大教师权益保护力度，倡导全社会尊师重教。要坚持正确方向、坚持尊重规律、坚持聚焦重点、坚持继承创新，严管与厚爱并重，强化多方协同，推进师德师风建设工作制度化、常态化。最大程度上地促进民办高校师德师风建设工作，通过促进教师的师德提升，更好地促进民办高校教学水平的提升。

（3）严格师德师风考核，建立健全师德师风考核评价制度，在教职工评优评先、晋级晋升、年度考核中实行师德师风一票否决制；明确教师在思想政治纪律方面、学术道德方面、教育教学方面、工作作风和生活行为方面以及廉洁从教等方面的师德失范行为负面清单，进一步规范民办高校教师履职履责行为，强化师风师德的重要性。

（4）建立师德师风激励机制，大力弘扬高尚师德，树立师德楷模，表彰师德先进，让优良师德师风成为广大教职工的自觉追求和工作准则。构建师德师风激励机制，对推动民办院校教育转型，提高教师队伍素质，提升人才培养质量具有重要意义。从建立正确的导向激励机制、实行科学有效的评价激励机制、完善求实创新的科研激励机制、重视平等和谐的情感激励机制等方面出发，充分考虑教师的内在因素，从思想意识、精神状态、价值观念等方面激发教师积极工作的良性动机，引导教师行为和价值观念的转变。以 B 民办高校为例，在教育行政主管部门及学院领导的决策下，B 校形成了学风端正、校风良好、学术行为规范的教学氛围和制度环境；同时，B 校大力宣传一批高水平、有影响的优秀教师来示范引领，通过各种评优评先活动，在教师队伍中挖掘典型，并形成长效机制；在岗位评聘、职称晋升中优先考虑思想好、观念新、善教育、爱学生的教师，以此为导向，提高教师加强师德师风建设的自觉性。

4.3.4 薪酬和考核体系改革

4.3.4.1 薪酬体系改革

重庆市民办高校十余年的发展之路并非一帆风顺，面临着各种困难和挑战，在经历了萌芽期、整顿期、规范期后，各种发展问题仍层出不穷，特别是资金不足问题尤为明显。师资队伍建设中的一个核心要素就是合理的薪酬结构和薪酬水平，在资金非常紧张且有限的情况下，各民办高校纷纷开始从各方面寻求解决发展难题之道。根据《重庆市人民政府关于促进民办教育发展的意见》（渝府发〔2008〕65 号）、《重庆市财政局关于制定民办高校本科学生生均公用经费财政补助标准的通知》（渝财教〔2014〕204 号），重庆市民办高校得到了重庆市政府的大力支持，经费投入也逐年增加。但相对于公办高校，重庆市民办高校在学校基础、政府扶持、社会保障等方面还存在明显差异。在此环境下，重庆市各民办高校积极探寻符合本校发展实际的薪酬体系问题，并着力从多方面解决薪酬竞争力问题，以实现内涵建设的转变。

①薪酬的管控模式多样化。不同于公办院校有一整套完备的薪酬结构和标准体系、明确的管控主体及上级部门、完善的法律法规，民办高校的薪酬结构、薪酬标准、管控主体等，从国家到地方的法律法规并没有相对明确的规定，这也决定了民办高校薪酬体系具有较大的灵活性。重庆市民办高校受投资方及企业制度和文化的影响较大，部分学校建校初期便实施集团化管理的薪酬管理模式，薪酬发放的标准由集团来统一确定，学校的部分中、高层由集团统一聘任，一方面保证资金的有效运用和绝对管控，另一方面也保证学校薪酬调整的及时性，以保证学校在薪酬水平方面的竞争力；有的学校中层及以上干部由集团实施年薪制，中层以下人员由学校自主管理，由学校统一发放，实现对学校中坚力量的绝对管控，保证学校

围绕企业管理模式高效运转；有的学校校级领导班子由集团实施年薪制，校级领导班子以下由学校自主管理并统一发放，实现对学校最高领导层的绝对管控。总之薪酬的管控范围和程度与投资方的管理理念和管理模式有很大关系。

②薪酬水平总体呈正态分布趋势。虽然重庆市各民办高校的发展历程及变革差异较大，在此过程中形成的薪酬水平及薪酬增长节点都不尽相同，但各高校间的标准总体差异并不大，因为各民办高校在薪酬水平的制定过程中都会对比重庆区域内的同行标准，有的学校为吸引和留住人才会在薪酬水平的设定上略高于同行水平，同时在薪酬水平的调整上也会尽可能地靠近同行最高水平。从薪酬的高低水平来看，90%以上院校在薪酬水平上呈正态分布趋势，最高和最低水平院校占比较少。以 Y 院校为例，其在建校初期所确定的师资团队建设思路就是高薪引进知名高校教师团队，该校师资团队均来自清华大学、北京大学、浙江大学、上海交通大学、同济大学、人民大学、复旦大学等国内一流大学。该校在引进人才的薪酬水平上大胆革新，实行谈判制、年薪制，薪酬基础水平远高于其他民办院校，该校的特色师资团队在重庆市影响力较大，师资队伍为学校的人才强校战略提供了坚实保障，也取得较大成效。以 C 院校为例，该校一直以低薪酬水平确保整个学校的低成本运转，低薪酬水平带来的结果是引进人才的质量有限和人才的大量流失，整个团队的氛围受到极大考验，师资队伍的不稳定成为常态，学校的正常运转已经需要耗费巨大精力，学校和教职工的长远发展更成为空谈，学校的综合竞争能力势必削弱，要在激烈的竞争中求得生存就只能寻求更深的变革。但其他学校都在相对平均的水平线上。

③薪酬的结构体系逐步完善。重庆市民办高校的薪酬体系经过十余年的改革发展，虽各不相同，但总体上已基本形成各自学校的薪酬结构体系，与建校初的萌芽期相比，已经有了较完善的结构、层级、标准体系，有的学校还在薪酬的深化改革方面做出了大胆尝试。重庆市民办高校在建校初期多为一所公办院校与社会资本共同出资兴建，在薪酬的结构和体系上既受到公办母体学校的影响，又有来自企业文化的影响。在较长一个时期内，许多高校存在多种薪酬结构和体制，有按公办标准执行的、有按企业标准执行的、有按学校自身标准执行的，经过近年来的规范和发展，这些问题都得到进一步改善。民办高校的薪酬体系大致由基本薪酬、激励薪

酬、间接薪酬组成。

基本薪酬方面。大部分高校设立了基本工资、岗位工资和薪级工资（职级工资）。很多高校在基本工资上参照重庆市最低工资标准执行，岗位工资按照教职工岗位的不同职称、职级由学校统一确定，薪级或职级工资根据教职工工作年限或行业年限来确定，有部分高校依据基础薪酬和每年的 GDP 的增长来测算教职工基础薪酬的增幅部分，部分高校按薪级或职能根据考核结果调整基础薪酬，部分学校直接按某个百分比对基础薪酬进行调整。总之，各民办高校逐步实现了基础薪酬的体系化建设。

激励薪酬方面。这是真正体现民办高校薪酬体制机制灵活性的重要部分。近年来，各民办高校都在积极探索资源有限下的激励薪酬改革工作，大部分高校实行了校龄工资、交通补贴、通信补贴、误餐补贴（生活补贴）等基础激励薪酬，同时民办高校也在国家公办高校绩效工资改革的影响和冲击下，逐步建立了本校的绩效工资体系。以 A 学院为例，其自 2012 年起实施了基本工资+绩效工资+津补贴的薪酬体系，绩效部分占了总工资收入的 80%左右；2016 年后实施差异化绩效薪酬体系，将差异化的激励模式引入薪酬体系中；2019 年后进一步探索竞争性绩效薪酬体系，进一步加大激励部分薪酬占比，激励薪酬从 20%增加到 30%，真正将教职工的积极性调动起来。以 B 学院为例，其从 2016 年起开始实施部门竞争性绩效薪酬，以部门为单位通过考核确定部门绩效等次，一次分配后由部门进行二次自主分配。以 D 学院为例，其对优秀教师、优秀教育工作者的奖励提高到 4 位数，最大限度调动教师对学校工作的投入，增强其对学校的归属感。

间接薪酬方面。这部分薪酬对于重庆民办高校来讲经历了从无到有、从有到全的过程。这部分主要是保障部分，如社保、公积金、各种福利（住房补贴、法定节假日福利等）。经过十余年的发展，重庆市民办高校在间接薪酬方面取得了长足的发展，"四险一金"已经是薪酬的基本保障，福利方面也是打破公办母体学校模式。有的学校建立了子女教育基金、父母孝敬基金、企业年金，修建了职工福利保障房等。总体来看，重庆市民办高校的间接薪酬越来越完善。

4.3.4.2 考核体系改革

伴随社会经济的发展和教育体制的改革，民办高校之间的竞争日益激烈，有效的考核体系是增强民办高校竞争力、促进民办高校战略目标实现的一个重要举措。为此，从民办高校教师岗位的实际情况出发，本书提出将大数据引入高校考核体系，建设民办高校教师信息管理系统，运用现代化手段，实现更有针对性、激励性，更加符合民办高校教师实际情况，更能促进学校与教师共同发展的考核方法。

①教学工作量考核。教学是学校的中心工作，高校在考核教师的工作量的基础上，绝不能忽视对教学质量的考核，其应不断优化教学考核机制，完善教师教学考核的各个环节，使这项工作能客观地反映教师的教学情况，从而有效提高教师的教学质量和工作积极性。教师工作量考核制度是高校科学管理的一项重要措施，是高校建立和完善激励机制的重要组成部分，它直接关系到每个教师的切身利益。教师工作量考核是对教师工作的现实的或潜在的价值做出判断的活动，能促进教师的专业能力提升，提高教学效能。经调研，重庆 A 民办高校，教师每学年需完成基本教学工作量 330 课时；新进教师基本教学工作量减半，每学年 165 课时，即为满工作量（新进教师为进入学校之前，无高校课堂教学工作经验者）。重庆 B 民办高校为每周课时不低于 10 学时，合计 360 学时/年。C 校每周课时不低于 12 学时，合计 432 学时/年。D 校每周课时不低于 6 学时，合计 216 学时/年。总体来看，以每学年 36 周教学周计算，重庆市大部分民办高校的教师需完成的教学基本工作量范围为 216~432 课时/学年，不超过 432 课时/学年。

其他教学活动考核。其他教学活动主要是指教师除教学、科研之外的，参与的与学校教学活动、建设发展相关的活动，如指导教学实践、社会实践、社会调查、指导毕业论文、毕业设计、带队比赛等活动，参与这些活动均可折合进教学工作量考核。以 A 校为例，在实际执行过程中，A 校结合学校实际情况，制定教学基本工作量测算办法和具体教学工作量计算标准及考核办法。在具体工作量计算办法中，A 校为保证办法的科学性和公平性，按照理论课堂教学和实践教学的不同，建立了两种不同的工作量计算办法。同时，这两种计算办法也充分考虑了课程难度系数、课堂系数、作业和答疑、自编讲义、出试卷与试卷批改等各方面的工作量。

②教学质量考核。教师教学质量考核是民办院校教师考核管理的中心环节，是保证和提高民办院校教学质量的关键。为提高教师课堂教学工作的质量，重庆市民办高校建立了由教师、专家、学生共同参与的分阶段课程教学质量评估模型。以重庆市 A 民办高校为例，为提高课程教学质量评估考核的效度和信度，A 民办高校根据参与课堂教学质量评估对象的不同，

分别设计了教师自评表、学生评价表和专家评价表；同时，根据教师课堂教学授课方式和方法不同，分别建立了理论课、实验课、外语课和体育课四种不同质量评价表。从质的方面来看，A民办高校对课堂教学质量的考核主要包括教学态度、教学内容、教学方法、教学效果和特色教学项目五个方面；对实践教学质量的考核主要包括教学态度、教学条件及准备、教学内容、教学方法、教学效果和特色教学项目六个方面。

③科研工作量考核。高校人才、资源和设备既服务于教学，又可以用于科学研究，两者综合是优化民办高校资源配置的有效途径。教学活动是科研活动的基础，科研活动是提高教学活动质量的重要手段，教学与科研相互依赖、相互促进、共同发展。科研工作成果的多少和质量高低是检验教师科研工作能力高低和理论基础扎实与否、知识丰富与否的一个重要标准，也是一个高校科研能力整体水平高低的体现。教师科研成果包括科研项目、论文发表、著作、教材、科研成果和获奖情况等。以A校为例，科研工作考核周期为学年度，不同职称级别基本科研工作量对应不同标准，以分数计，各类学术论文计分对应不同分数；年度考核中的20%用于考核个人科研工作量。对于未完成科研工作量的教师，按照未完成的分值百分比扣除对应的基础绩效，并且取消其年度所有评优资格。连续两年未完成科研工作量的，不安排教学超工作量；连续三年未完成科研工作量的，降级聘用或转岗或解聘。对考核期内科研成绩突出，CSSCI级（含扩展版）及以上论文积分超过本职级考核标准20分及以上的教学科研人员，将给予额外奖励。

④教师师风师德考核。加强民办高校师风师德建设是培养一支高素质教师队伍的要求，也是提高民办高校核心竞争力的关键，更是民办高校发展的灵魂。建立有效的师风师德考核评价机制，塑造教师的高尚品格，才能有效促进学校的建设和发展。民办高校科学的师风师德考核体制不仅要体现出对教师基本人格的约束，促使教师具有基本的人格素质和道德水准，更要体现出教师独有的要求和职业特点，即爱岗敬业、教书育人；树立教育创新理念，要求教师具有求真务实的精神，使其勇于创新；在考核体系中不能单独将教师作为考核的客体，应强调教师的主体地位；应注重考核的过程，而不是只看重结果，使考核成为师德师风建设宣传和教育的过程；通过建立长期有效的考核机制，形成有助于教书育人，端正学术风气、规范学术行为的良好制度和氛围，使教师形成适合自身的师德师风素

质提升的目标，增强主观能动性和自我约束力。经调研，重庆市大部分民办高校在教师聘用、年度考核、职称晋升、绩效考核以及各种评优评先活动中，均对师德师风考核实行一票否决制，真正将师风师德建设落到实处。

⑤晋升考核。办学自主权是民办高校建立发展的基础，是保障民办高校办学质量的内在要求，反映了教育发展的内在规律，这一规律赋予了民办高校一定的自主空间和灵活性。民办高校可充分发挥自身的办学特色和竞争优势，创新完善内部管理机制。在民办高校教师晋升方面，民办高校可采取多元化、灵活性原则，除正常晋升外，可结合本校实际，创新晋升模式。

2017 年，教育部、人力资源和社会保障部联合发文，规定高校教师职称评审权直接下放至高校，教育行政部门、人力资源和社会保障部门对高校教师职称评审工作实施监管。下放职称评审权是落实高等学校办学自主权的重要体现，这对于民办高校既是机遇，又是挑战。民办院校多为应用型高校，相关专业教师原则上需从具有 3 年以上企业工作经历并具有一定学历的人员中公开招聘，或要求相关专业教师在企业进行挂职锻炼，实现校企双赢。民办高校应培养一批"双师型"教师群体，即具有工程师、工艺师等技术职务，同时也取得教师资格并从事职业教育教学工作的人员，以此推动企业工程技术人员、高技能人才和民办院校教师双向流动。以 A 校为例，"双师型"教师除正常职称评审晋升外，如获得行业内资格证书或高标准认证证书，A 校可对应聘请为相应职级。

其他晋升方面，如教职工在年度考核中获得优秀，可获得境外或国内优秀大学研修访学机会；若连续两年获得优秀，则可获得由集团统一出资到海外游学或参加高端培训计划的资格。重庆市民办高校在创新晋升考核模式上还在积极探索中，还未形成完善、健全的机制。

⑥退出与淘汰考核。目前重庆市民办高校一般采取固定期限劳动合同、无固定期限劳动合同或完成一定工作任务为期限的劳动合同三种形式之一与教职工签订劳动合同。其中固定期限合同首次签订年限有两年、三年、五年不等，在合同期内，实行劳动合同试用期考核制度以及年度考核制度。对于专职教师，有的学校劳动合同规定需在签订合同之日起两年内完成职称晋升或转聘。

4.3.5　民办高校应用型师资团队建设

在教育部大力推进校企合作、产教融合的时代背景下，根据培养应用型技能人才的目标，以及《国务院关于印发国家职业教育改革实施方案的通知》《国务院办公厅关于深化产教融合的若干意见》以及《重庆市人民政府办公厅关于深化产教融合的实施意见》等文件，民办本科高校的定位进一步明晰，民办本科、高职院校将转型为"应用型"高等本科、高职院校，大力实施产教融合人才培养模式，该模式成为当前重庆市民办高校刻不容缓的转型升级之路。

4.3.5.1　校企合作与双院长负责制下的校企师资团队构建

校企合作一直是各民办高校多年来人才培养环节中的重要举措，随着国家、各省市对校企合作、产教融合的政策扶持，校企合作和产教融合得到前所未有的大胆革新。目前重庆市各民办院校在产教融合方面都取得了各自的特色和亮点，根据学校学科专业分布，纷纷与行业内骨干企业、知名企业建立合作，共建项目、共建订单班、共建专业、共建学院、共建研究平台、共建校企等模式不断推陈出新。共建学院中"学校一名院长+企业一名院长"的双院长负责制成为共建学院的良好合作模式，其中最重要的是师资队伍共享，为成为这些共建项目的有力保障。"学校一部分理论基础深厚的专业教师+企业一部分专业技能高超的行业师资"的组合师资团队是普遍的师资队伍共建模式。这样既解决了学校缺乏实践指导教师的短板，又解决了企业缺乏完整的人才培养体系和理论教师队伍不足的问题，企业师资与学校师资的深度合作，增强了校本师资队伍的技能培训，拓宽了校本师资队伍的视野和应用能力，为提升校本师资"双师"能力提供了良好平台。

4.3.5.2　创客工作室与"双师双能型"师资队伍的培养构建

近年来，重庆市各民办院校根据本校专业特色，通过各种创客工作室的建立，很好地打通了学校、教师、学生与企业和社会的联系。首先，校企共建承载教学、实训、研究三大功能的创客工作室。校企深入合作，开发专业教材，创设"教师即师傅、课堂即车间、实训即实战"的真实教学环境。其次，学校实施技师与教师结对制度，加强对创客工作室的管理，积极引入企业文化氛围。创客工作室与企业共同开发课程和教材，研究与企业生产需求接轨的人才培养模式，建立校企协同育人机制，着力打造专兼结合的"双师双能型"教师队伍。依托创客工作室,学校开展了一系列课程改革,有效提升教学效果。创客工作室打破了传统的教学以教师为中心的教学模式,通过实施现代学徒制实现校企紧密合作、产教深度融合,教师在教学中所用到的加工图纸、毛坯料、加工程序来源于企业工作岗位,实现了课堂与工厂、企业的无缝对接。

4.3.5.3 校政企联合培养的技能师资团队构建

近年来,个别学校除了积极构建校企合作的师资和人才培养模式外,还在尝试校政企三方联合构建技能型师资团队、打造校政企联合培养人才的新机制,学生三分之一的时间在学校学习理论基础课程,三分之二的时间到相应企业进行实践技能的培训,由企业按师徒制模式,为学生指定实践指导师傅,再参加政府相关部门组织的职业技能考核,考核通过后可获得相应的职业资格证书,将学员培训中心、师资培训中心、考试认证中心融为一体。重庆个别民办高校借鉴国际职业教育、产教融合先进理念,引进其他国家应用型人才培养的实践模式,旨在真正打造学校的核心竞争力和深化改革的创新驱动力。

4.3.5.4 校本"双师型"教师队伍的构建

2019 年 8 月 30 日,教育部、国家发展改革委、财政部与人力资源和社会保障部四部门印发的《深化新时代职业教育"双师型"教师队伍建设改革实施方案》是贯彻落实《关于全面深化新时代教师队伍建设改革的意见》和《国家职业教育改革实施方案》的具体行动指南,更是针对当前应用型高校教育改革发展内涵提出的精准施策,给各院校的"双师型"师资队伍建设指明了方向。文件提出,学校应将"双师型"教师个体成长和"双师型"教学团队建设相结合,在教师团队建设上出"实招",建设"双师型"名师工作室、技能大师工作室、教师教学创新团队等,并且明确要求建设省级、校级教师教学创新团队,使"双师型"师资团队建设成为高校的"必答题"。自 2020 年起,除"双师型"职业技术师范专业毕业生外,重庆市各民办高校基本不再从未具备 3 年以上行业企业工作经历的应届毕业生中招聘,这就保证了新入职教师具备"双师"的基本素质。重庆市各民办院校纷纷出台本校"双师型"师资队伍建设管理办法,通过"双师型"老师认定标准,将体现技能水平和专业教学能力的"双师"纳入教师考核评价体系,同时明确要求教师每年不低于一定期限的企业挂职锻炼经历,使教师具备足够的"职场历练",充分发挥行业企业在培养

"双师型"教师中的重要作用。另外，重庆市各民办高校从行业企业引进一批经验、资历、技能强的行业师资并聘任为"双师型"教授、副教授、高级讲师、讲师等。经过十余年积累，重庆市各民办高校基本都建立了一支符合本校实际的应用型"双师"师资队伍。

4.3.6　职称评审工作改革

重庆市民办高校的职称评审工作一直是制约各民办高校师资队伍建设的瓶颈。2013年重庆市将中级评审权下放至各民办高校，民办高校对中级以下教师的职称评审有了自主评审权力，这对民办高校师资队伍的建设起到助推作用。根据《重庆市深化职称制度改革的实施意见》和《关于深化高等教育领域简政放权放管结合优化服务改革的实施意见》（渝教策发〔2017〕2号）精神，重庆市已于2018年下放高校教师职称评审权，并出台了《重庆市高校教师职称评审监管实施细则》（渝教发〔2019〕3号）。随着全市职称评审工作的全面下放，民办高校对教师系列的正高级、副高级、中初级职称拥有自主评审权力，对研究系列和实验系列拥有中级职称自主评审权，这对民办高校的师资队伍建设来讲无疑是巨大的契机，为人才的良性流动提供了更好的机制。

2018年以前，各民办高校的职称评审工作主要还是通过母体学校、重庆市教委来组织评审，评审条件中级以下由各学校自主制定，高级则根据市教委规定文件进行评审，绿色通道根据全市统一安排进行申报。大部分学校的中级评审条件相对较宽松，没有核心期刊发表要求，部分学校设定了核心期刊发展要求，比如A学院，自2014年起，评中级需发表北大D刊及以上刊物。同时大部分高校设置了校内高级职称评审条件，A学院在校内高级条件中高于市教委规定条件，但可在第3年申报，通过后方可享受高级职称待遇，旨在更快地培养高级人才。B、C、D学院则采取降低评审条件的办法，让一部分教师提前享受高级职称待遇，旨在稳定骨干教师队伍，总之，各民办高校都在围绕本校的师资队伍建设制定对应的职称评审条件。

从2019年开始，根据市级部门要求，承接高校教师职称评审权的高校全部采取自主评审方式开展高校教师职称评审工作。尚未组建高校教师高级职称评审委员会的，按规定组建并报备后，自主开展评审工作。不具备独立评审能力的专业可由高校自主委托其他高校的高级职称评审委员会代为评审。评审权下放后，高校自主制定教师系列职称申报条件，原则上不得低于重庆市高校教师系列职称申报条件，要克服"四唯"倾向，注重结合高校发展目标与定位、教师队伍建设规划，切实把思想政治和师德师风放在首位，实行师德师风、学术道德一票否决制，妥善处理教学与科研、理论与实践的关系，注重体现品德、能力、业绩和质量，逐步推行代表作制度，重点考察学术成果的创新性和显示度，强化质量淡化数量，可用高质量成果替代数量要求。对于业绩成果特别突出的高端人才，在确保整体水平不降低的前提下，学校可适当放宽其他要求。按照这一指导精神，2018 年，全市 26 所民办高校有部分高校承接了高级评审权，评审条件均参照和沿用重庆市高校教师高级职称评审条件 202 号文件。2019 年 26 所民办高校全部承接评审权，并逐步完善评审条件的制订。为了更加符合本校的师资队伍建设实际，各民办高校主要在以下方面进行了探索。

（1）评审条件更贴近本校学科、专业和教师队伍特点。A 学院经过 1 年的时间，充分调研其他学校情况、通过反复征求各个群体的意见和建议，在辅导员、教师、管理三支队伍的职称评审条件上不断协调平衡。辅导员可通过带班人数折合课时量，以解决课时问题，教师晋升中级须担任兼职辅导员或兼职行政工作满 1 年，晋升高级专业技术职务须在与本专业相关的企事业单位挂职累计达 3 个月以上（已在相关行业内工作 3 年及以上免于挂职）。教师可通过职称类型的选择提前确定自身研究方向，教学型更加注重标志性教学成果，教学科研型更注重教学与研究的双管齐下，科研型更注重重大标志性成果。同时，A 学院将教师选择的评审职称类型与绩效考核直接挂钩，真正打通了薪酬、考核、职称的通道。B 学院设置了 1~3 年的过渡期，2019 年职称评审条件沿用重庆市标准，但针对申报教师的总体情况加入学校的实际要求，如考察该教师在考核周期中的实际表现；考察该教师的模范带头作用；考察该教师对学校学科发展的积极作用。C 学院在最新的职称评审条件中重点强调了骨干教师的优先权，尤其在教学和实践指导应用中做出了突出贡献的教师可在职称评审中破格晋升，科研条件仍沿用重庆市标准。其他民办高校最新的职称评审条件仍是结合重庆市标准作部分修订和改动。总之，这对于当前的民办高校来讲还有一个很长的探索和改革期。

（2）评审通过率都设置了上下限。从民办高校职称评审的通过率总体情况来看，100% 通过率的学校为零，大部分学校的通过率控制在 70%～

90%，各高校在执行自主评审权的过程中都着重考虑了学校的职称评审导向作用，为本校师资队伍的培养和成长做出了长远的规划。

（3）学校职称结构和职称指标规划没有形成。2018年前，各民办高校的高级职称评审指标是没有限制的，评审权下放后，对各民办高校来讲，有序推进本校职称结构的发展、做好职称结构规划、控制职称结构比例是摆在各高校面前的实际问题，这将进一步考验投资方主体的资金控制、成本控制、预算控制情况，同时各民办高校仍会参照教育部对高等学校教学指标的评估体系，结合本校实际，提出符合学校发展的职称结构和比例指标。目前各民办高校都还在摸索期，加之上级部门对民办高校的职称评审指标方面没有具体的规定和导向，各民办高校仍然需要经过一定的过渡期后再做进一步完善。

（4）"双师型"教师职称体系还在积极探索中。根据《国务院关于印发国家职业教育改革实施方案的通知》和重庆市"双千双师交流计划"的精神，到2022年，一大批普通本科高等学校向应用型转变，启动"学历证书+若干职业技能等级证书"制度试点（1+X证书制度试点），而在这个过程中制定和配备相应的职称评审制度是建立应用型师资团队的关键。在此背景下，各民办高校正积极探索"双师型"、行业资格证书如何与高校的评审制度有效衔接。部分民办院校直接将符合本校学科、专业的职业技能的证书与本校职称进行对应，打破了学历、资历限制。部分高职院校明确要求教师须取得某行业的职业资格证书，并在该行业中有一定的工作年限，这样方可聘任为"双师型"、三师型、多师型的教师。部分院校要求教师每年到企业挂职锻炼不少于一定时限，部分院校要求教师进入企业学技能，部分院校探索将企业引进学校，但这些探索都还只是雏形，与职称评审体系的建立和融入还有一个磨合期。

4.4 重庆市民办高校师资队伍建设的突出问题

近年来通过政府、学校和教师自身的共同努力，重庆市民办高校的教师队伍正在改变高校创立之初的不良状态，但是有些高校的师资建设结果并不尽如人意。部分高校对教师队伍建设没有引起足够的重视，导致师资队伍中仍然存在一些问题。本书现对这些问题汇总如下：

4.4.1　师资队伍综合质量不高

4.4.1.1　师资队伍专业水平参差不齐

如前所述，民办高校教师来源主要有两个途径：一是通过社会聘请的专职教师；二是根据学科需要，通过外聘形式聘请的教师。前者进入学校时多为直接从高校招聘的刚毕业的大学生，包括本科生（初期招聘）、硕士生、博士生，且承担了院校大部分的教学任务，是学校的主要教学力量，但因民办高校教师的短缺性，这部分教师进入高校后，并未经过跟随老教师学习一年的实质性助教历程，大多是直接安排教学任务进入教学一线。这部分教师因教学经验不足致使教学水平不高。后者的专业水平也许可满足学校的教学要求，但由于学校的用工模式相当于任务委托的形式，只要完成任务即可获得相应的报酬，故而难以对学校的教育水平、学术水平产生根本性的影响。同时，由于民办高校引进了民间资本，具有一定的投资性质，商人逐利这一性质不可避免，所以许多民办高校的运作模式相当于企业运作模式。学校是行政指导教师而非服务教师，在安排教学任务时以效益最大化为目的，师生配比率较高，大班教学普遍存在，教师承担基本课时较多，承担教学学科较多。在完成教学任务之余，教师还要承担学生的毕业论文、毕业实践等指导工作。这样必然会导致教师在其他方面的时间缩减，影响自身的专业水平和科研水平的提高，就长远来说势必影响到教师队伍的建设。

4.4.1.2　师资队伍综合素养不高

民办高校教师队伍使命感不强，是民办高校教师队伍的又一问题。由于就业形势所致，相当一部分在校大学生在选择就业时，把注意力集中在了报考公务员上，由于民办高校用人制度的灵活性、约束制度的宽松性，所以部分大学生就业的另一选择就是暂时在民办高校任教。这一选择动机使这些进入民办学校的教师缺乏使命感，不能很好地用教师教书育人的标准要求自己，当一天和尚撞一天钟，在学生中容易形成不好的影响，严重影响高校教书育人的人才培养质量。

4.4.2　师资队伍结构不合理

4.4.2.1　年龄结构

在对民办高校的调查中发现，民办高校教师中结构不合理的情况主要表现在：一是年龄结构。公办高校的教师队伍年龄层次均匀，主要教师年龄层次在35~55岁的居多，民办高校的教师年龄主要在35岁以下，比如C学院的专任教师中，46岁及以上教师106人，占专任教师的23.04%；36~45岁教师98人，占专任教师的21.31%；35岁及以下教师256人，占专任教师的55.65%。E学院的专任教师中，55岁及以上教师136人，占专任教师的14%；46~55岁教师136人，占专任教师的14%，36~45岁教师318人，占专任教师的32.75%；35岁及以下教师381人，占专任教师的39.24%。这种状态表明，现在民办高校任教的教师有刚毕业不容易进入公办高校的年轻群体，有退休后被返聘的老教师群体，中年的主力教师较少。这种情况的弊端是如果退休返聘的教师离开工作岗位，年轻的教师不能够担任主要的教育教学活动，会给学校的整体教学带来非常严重的不良影响。所以，民办高校必须建立一支以老年教师为引导，以中年教师为主导，以年轻教师为补充的教师队伍，这样才能让教学活动有活力地发展下去。

4.4.2.2　学历结构

教师队伍的学历水平是直接反映教师队伍的质量和水平的标志。因为教师的知识理论基础和水平，以及在科研方面的发展潜力，可以从学历中观察出一二。与公办高校相比，民办高校的教师学历层次偏低，高学历人才数量不足，民办高校教师队伍中占大部分比例的是硕士，具有博士学位的教师数量相对较少。比如F学院的专任教师，具有博士研究生学历的64人，占全体专任教师的12.72%；硕士研究生学历的395人，占全体专任教师的78.53%；大学本科学历教师44人，占全体专任教师的8.75%。

4.4.2.3　职称结构

职称是教师教学科研水平的集中表现。民办学校起步较晚，其高级职称的教师最早是依靠校外招聘来的，近年来虽然一部分专职老师已获得了相应的职业技术资格认证，但从总体上看，职称结构依然不合理。

从数据上来看，民办高校的教师队伍与公办院校相比，不论在年龄、学历，还是职称上，都处于劣势。

4.4.3　师资队伍整体科研能力不高

4.4.3.1　科研能力基础薄弱

许多民办高校所拥有的教师以青年为主，学术和学科带头人比较少，学校缺乏足够的科研平台和良好的研究氛围，这导致教师整体科研和教学能力水平偏低。许多教师在申报较高级别的科研项目时常因各种原因尤其是职称而不成功，使其失去提高自己的科研能力的机会。如此恶性循环，一些民办高校教师的科研能力低的问题已经逐渐成为难以解决的问题。较低的科研和教学能力直接影响到教师的专业素质，这反过来又影响学校的教学质量和办学水平的提高。公办高校与此不同，它们一般都是成立时间久，有一定的积淀的学校，从事科研的人员和科研的整体水平都是民办高校所比不了的。

4.4.3.2 科研成果较公办学校差距较大

2020年中国民办本科院校科研竞争力评价结果显示，民办本科院校及独立学院目前的整体科研实力仍然薄弱，如仅就论文发表数量而言，目前该群体中还有不少高校在 SCI、CSSCI、CSCD 三个数据库中作为第一署名机构的年发文总量未超过10篇。从相关数据的分布规律看，校际发展差异比较大。因此，虽然民办本科院校及独立学院群体目前的整体科研水平尚比较低，但也有少数高校的科研工作已取得不错业绩。就重庆民办高校而言，重庆财经学院属于科研成果较好的学校，该学院近几年共获得重庆市教学成果三等奖5项，是教育部学校规划建设发展中心"新金融智慧学习工厂（2020）"项目首批试点院校之一；学校12名专家学者入选重庆市普通本科高等学校首届教学指导委员会委员名单，涵盖经济学类、工商管理类等9个专业委员会；主持教育部产学合作协同育人项目13项，重庆市深化教育领域综合改革试点项目6项，重庆市教育教学改革项目80项（其中重大项目2项、重点项目12项）；获批重庆市一流课程17门，重庆市"课程思政"示范课程5门，课程思政教学团队3个，课程思政教学名师2名；获批重庆市虚拟教研室1个，建有校级教学团队19个；出版自编教材34部。2016年11月，学校获批为重庆市第二批整体向应用型转变试点高校。近年来，学校获批重庆市重点实验室1个（信息技术类）、重庆市生态环境局重点实验室1个、重庆市博士后科研工作站1个、重庆市人工智能科普基地1个、重庆市高校哲学社会科学协同创新研究培育团队1个、重庆市高校科技创新研究群体1个、与大型企事业单位合作共建产学研协同创新平台5个；国家社科基金项目立项6项，教育部人文社科项目立项5项，省部级科研项目立项超150项；承担企事业单位委托课题100余项，科研经费达1 500万元；发表学术论文近1 000篇，全球高被引论文2篇；

出版学术专著 40 余部；申请发明专利 30 项，授权专利 2 项；15 项决策建议获得省部级领导批示。

即便如此，居于重庆市民办高校科研实力第一的重庆财经学院所取得的成就和公办院校相比差距还是很大，其他民办高校科研能力的差距就更大了。

4.4.4　师资队伍流动性较大

4.4.4.1　教师队伍稳定性基础薄弱

民办高校的教师队伍主要来源有三个：来源之一是公办院校的退休教师。虽然民办学校退休年龄较公办学校有所推迟（大多高级职称男 65 岁，女 63 岁），但因来自公办院校的这部分教师年龄偏大，在民办学校很快就会进入退休行列，所以民办学校的这部分教师来得快走得也快，流动性大显而易见。来源之二是普通高等学校毕业的研究生，这部分教师不论是民办高校毕业还是公办高校毕业，也不论是博士研究生还是硕士研究生，年富力强好学上进，事业心和进取心也比较强，虽然教学经验不足，缺少必要的知识储备和实践能力，经过一段时间的培养、磨炼也能成为主力军，但是这部分教师很多是为了就业而暂时选择到民办高校工作，一旦有了更好的发展机会，比如考上公务员或进入公办高校，他们会迅速离职。来源之三是兼职教师，民办高校在专任教师不足以支撑教学活动时会在公办院校聘请部分教师，或者在各专业领域聘请技术型人才，甚至在一些紧缺专业，还会聘请在读博士或硕士。

4.4.4.2　教师流动性大是民办高校的普遍现象

从近几年的数据情况看，民办高校教师队伍流动性比较大。教师队伍的合理流动是必要的，可以增强教师队伍的活力。但教师队伍的稳定也是必要的。一个教师没有几年的沉淀是很难成长为一名优秀教师的。教师队伍的频繁流动不可能提升教师素质。没有稳定的优质教师队伍就很难完成高质量的教学任务。

4.5　重庆市民办高校师资队伍建设存在问题的原因分析

任何事物，有因才有果，重庆市民办高校师资队伍建设为何会出现上述问题，我们从四个方面总结了问题的症结所在，首先是国家宏观政策方面，其次是地方政府管理方面，再次是民办高校自身建设方面，最后是教师队伍自身方面。

4.5.1 国家宏观政策方面的原因

4.5.1.1 关于民办高校及教师队伍建设的法规不完善

国家有什么管理制度，出台什么相关政策，提供什么政府环境，都影响着民办高校的发展。从政府层面讲，公办高校的地位和民办高校的地位是不同的，公办高校给社会提供了更多更优质的人才，但是为了教育公平，政府也应该为民办高校提供更加公平合理的发展环境；同时也应给民办高校的教师队伍提供更加优质的环境和条件。这对促进民办高校健康可持续发展有着非常重要的意义。

实际上，虽然《民办教育促进法》已经出台，民办高校也得到了飞速的发展，但是由于现行教育运行机制的问题，民办高校及其教师依然在一定程度上没有享受到政策带来的公平。

《民办教育促进法》第五条要求，民办教师和公办教师都拥有同等法律地位，但是对教师的工资待遇标准、住房补贴、社会福利等并没有做明确要求，教师的福利待遇等还是要根据所在学院的具体情况具体解决。其中第四十五条还规定，县级以上各级人民政府可以设立专项资金，资金用于资助民办学校的发展，或者奖励和表彰有突出贡献的集体和个人。第四十六条中规定，县级以上各级人民政府可以采取购买服务、助学贷款等措施对民办高校予以扶持等。值得注意的是，在两项扶持的规定中，该法使用的是"可以"二字，并没有要求政府必须设立专项资金等措施。县级及以上政府部门对民办学校是否扶持，以及扶持力度的大小等，都根据各地财政或政策情况有不同的实施举措。

概括来说，政策都具有号召力，但是并没有强制性。反观国际上比较发达的私立教育，民办高校的发展能否健康快速且具有可持续性，在很大一部分程度上受国家政府政策的影响，政府对待民办教育的态度和政策导向，对民办高校的生存发展至关重要。所以为了推进民办学校的管理，国家已经开始进一步促进《民办教育促进法实施条例》的修订工作。截至目前已经有超过20个省份出台了实施意见，但是由于各方面思想不统一，以及民办高校管理的复杂性，一部分省份依然没有按照要求出台政策。政策的不完善，政府不能上行下效，导致了民办高校发展中众多问题的存在。

4.5.1.2　政策监管落实不到位

执行监管是政策目标有效实现的重要手段和保障。多年来，针对民办高校师资队伍建设的政策频出，然而由于缺乏对政策执行的有效监管和评估，很多很好的政策举措没有落地。其中，对营利性民办高校的扶持政策规定不明确、对民办高校的管理措施过于原则化，缺少可操作性，是国家政策实施的难点。

比如，国务院和教育部曾明确要求，各地要严格执行《教师资格条例》，对教师队伍的入口关要进行严格把控，将教师相关工作经历和职业能力作为新任专业课教师的入职硬性条件严格执行，但由于监管不到位，部分职业院校招聘的新入职教师仍以应届毕业生为主，这些教师是难以满足实践教学要求的。

2018年，中共中央、国务院颁布《关于全面深化新时代教师队伍建设改革的意见》，该意见从教师队伍建设的重要意义和总体要求、师德师风、专业素质能力、教师管理改革、提高地位待遇、保证政策落实六个角度对我国的教师队伍建设作出了明确规定，各地政府也在积极响应并落实。但是民办高校具有自身的特殊性，没有办法像公办高校一样让政府严格落实监管。比如，对于民办高校为了生源所开设的一些热门专业，其为了专业审批成功需要引进该专业教授、副教授等优秀的专业的人才会开出相当优厚的条件，使其成为学科带头人，甚至只是名义上的学科带头人。而真正的教学科研工作还是由青年教师来担任的，甚至是一些外聘的兼职教师，这些兼职教师甚至部分是在读博士、硕士。而这些问题政府很难有效监管。

4.5.2　地方政府管理政策方面的原因

4.5.2.1　关于民办高校教师的身份方面

国家在相关的文件中，对民办高校和民办高校教师的身份，都有过明确的规定。但是各个地方是落实政策的执行者，在执行过程中，因为对政策的理解程度不一样，在贯彻落实的过程中落实与否、落实力度等参差不齐。比如，首先是关于民办教育事业的定位：国家在民办教育促进法中曾经专门指出，民办教育组成了社会教育事业，是社会教育中必不可少的部分，同时民办教育也是公益性的范畴；其次是民办高校的教师身份待遇地位。《民办教育促进法》规定，民办高校的教师应该享有与公办教师同等的地位和待遇。但是，在实际过程中，民办学校的教师能不能真正享有和公办高校教师一样的权利和地位，有同样的待遇呢？我们在调查了解的过程中发现，他们的身份待遇地位是有很大差别的。

2018年，重庆市曾出台了关于进一步支持和规范民办高等教育发展的意见，该意见规定，非营利性学校经省教育厅审核后，由市民政厅依法登记。其中捐资举办、出资举办不要求取得合理回报的学校，登记为民办自收自支事业单位法人；出资举办要求取得合理回报的学校登记为民办非企业法人。但是实际上，重庆市民办高校的教师并没有在国家事业的编制当中，民办高校一般是通过和教师签订劳动合同的方式来明确双方权利义务的，缴纳的社会保险是按照私营企业的标准来的，民办高校的教师退休后不能享受事业单位人员的待遇，在校外的认可度比较低。

4.5.2.2 关于民办教师职称晋升渠道方面

公办高校发展历程比较长，短则几十年，长则上百年，它们的历史底蕴非常深厚，这类学校一般都更加重视科研，民办高校的办学时间则相对较短，并且在培养人才方面是以应用型人才为主的，所以民办高校在科研方面很显然和公办院校不能相比。为了规范职称评审，2017年3月，教育部等五部门出台了《关于深化高等教育领域简政放权放管结合优化服务改革的若干意见》，意见提出要将高校教师职称评审权直接下放至高校。

不论规定如何，职称评定的考核论文数量和项目数量是最直接也是最主要的评价内容。比如，陕西省高校教师教授职称申报的评审条件主要包括三个方面：一是学历（学位）及任职年限；二是教学水平；三是工作业绩及学术水平。学历学位及任职年限是不可更改的；在教学水平的评定上，学校对主讲专业课、课程教授遍数、教学改革任务等有严格要求；在工作业绩及学术水平的评定上，学校要求教师承担教学科研等任务，会审核理论基础和专业知识，也有论文发表等要求。就算在评定中增加了业绩考核和主观评价，但评审制度万变不离其宗，如果评定数量不变，晋升渠道依然没有向全体民办高校教师打开。在高校职称评审权下放之前，政府在职称评审时，公办和民办高校采用相同的标准，似乎不太公平。这也造成了民办高校教师晋升比较困难的问题。

4.5.2.3 关于民办高校科研教研经费方面

在我国，重庆市的民办高等教育起步早，发展也相对成熟，基于此，重庆市也越来越重视对民办高校的支持和投入，2016年重庆市财政局、市教委制定了《重庆市民办高校财政扶持资金管理办法》，其中规定，财政扶持资金列入市级教育经费年度部门预算安排。财政扶持资金由生均补助经费和以绩效为导向的发展专项资金两个部分组成。生均补助经费安排用于对民办高校日常运行开支进行补助；发展专项资金安排用于支持民办高校内涵发展，主要包括教育教学质量提升和改革，实习实训设施设备和科研活动开展，图书设备购置和教育信息化建设，师资队伍建设和高水平团队建设等。

2018 年，重庆市还出台了《关于进一步支持规范民办高校发展的相关意见》，意见明确将"民办学校教师培训"纳入"国培""市培"和区县培训体系，引导民办学校根据自身特点，形成分层分级的校本研修机制，着力提高民办学校教师教学科研水平，促进教师专业发展。民办学校要着力加强教师思想政治工作，建立健全教育、宣传、考核、监督与奖惩相结合的师德建设长效机制，全面提升教师师德素养。民办学校教师培训经费的支出比例不得低于其教职工工资总额的 2.5%。但是相较于公办院校，民办院校在科研的获批数量上有限，而且科研经费也是比较低的。民办高校的教研经费一般是自筹的，其科研经费只有一部分是政府拨付的，但是比例较低，大多数还是民办高校自筹。

4.5.2.4 关于民办高校教师进修培训方面

教师自身的发展需要不断的进修学习，针对民办高校的教师能否有大量进修培训的机会的问题，笔者在对陕西省民办高校进行调查时发现，每所学校都对专职教师进行绩效考核，但是考核本身存在一些不足，比如考核指标制定、考核制度的完善方面都跟公办高校有差异。在教师培训方面，重庆民办高校普遍存在对专职教师重在使用、轻于培养的问题。一些民办高校没有专职教师岗前培训，对在岗教师的专业性培训也比公办高校少。究其原因，民办高校本身从经济利益考虑，组织青年教师培训学习较少，即使有也多流于形式。而在公派进修培训的名额分配上，民办高校教师相较于公办教师是比较少的，这无形中又减少了民办高校教师提升的机会。

4.5.3 民办高校内部管理层面的原因

4.5.3.1 办学者对师资队伍建设重视不够

民办高校的创办者，是民办高校的最终决策者，决定着民办高校的未来发展。我国民办高校在发展之初，几乎都是自筹经费，生源是民办高校发展的命脉。办学者也时刻关注生源，一切以学生为中心。例如某高校在创办之初，要求该校教职工都要参与招生工作，对招生成绩优异的职工给予相当优厚的报酬。学院的一切工作都以招生为主。学校对于学生的关注也是超越教学工作的，甚至各种社团活动都可以成为学生不上课的理由。而学校对于教育教学工作，可以说是放在最后的。学校最初对教师的要求是非常低的。民办高校在迅猛发展期，主要以兼职教师为主。但是随着民办高校的发展，其对教学质量的要求越来越高，国家对于民办高校办学提升的要求也越来越完善。而民办高校为了能升级，不得不大量的招进教职工以满足数量的要求。但是，并没有长远考虑师资队伍建设问题。随着高等教育的普及化，人民对优质教育的需求越来越强烈，加上民办高校面临的生源危机，办学者必须要改变最初的理念，为学院的内涵发展、质量提升储备足够的教师。教师才是民办高校内涵发展、质量提升的关键因素，才是未来竞争的主要优势。

4.5.3.2 师资队伍建设投入资金不足

民办高校的资金来源主要是社会或者个人，最主要来源是学生的学费。而民办高校的经营首先要保证盈利，才能使民办高校自身得以存活和发展，它们鲜少有政府的资金投入，必须自负盈亏，在这样的情况下，民办高校在每项支出上都尽可能地精打细算，尽可能缩减各项开支。而教师的薪金福利，是民办高校支出中占比很重的一部分，所以，几乎所有的民办高校都会在教师招聘上有社会营利机构的特性，即为节省开支降低教师薪金福利，因此民办院校教师待遇远低于公办院校。

这种情况不仅会导致民办高校的教师数量不足，也会导致很多符合高校教师条件的人，不愿意到民办高校就职，或者将民办高校当作职业跳板，一旦获得相应的教学经验，日后得到更加有利的待遇，就会跳槽。

4.5.3.3 教职工福利待遇较低

同第一点原因，更深入的结果，是教师福利待遇不高，凡有才干者都期待有更广阔的发展平台，获得更好的社会地位和财富，而这些都是民办高校不能给的。课题组曾经深度访问过一个在公办学校任职的教授：如果让你离开公办学校把人事关系转入民办学校你愿意吗？对方的回答很直接，公办学校有住房福利，你民办学校有没有？教授为此给我算了一笔账，他们学校可以给教授近 200 平方米的住房，公办学校的一套房比市场要低 100 多万，这就相当于在公办学校不费吹灰之力就能得到 100 多万的收入，这种住房福利是民办学校不会有的。除此之外，公办高校提供的薪资条件、发展平台等都优于民办高校。公办高校为了自身的发展，也在不断地扩充自己的师资，储备优秀的教师人才。其为了能够获得优质的教师资源，往往会提供优厚的待遇，从收入、住所到配偶的工作、子女的教育、自身的发展、社会地位全方位提供保障。而民办高校虽也会以各种优厚的待遇来吸引人才，但因其发展历史短、自身积淀不足、社会认可度低以及人事制度等问题竞争不过公办高校，所以高质量高水平的教师首选依然是公办高校，而被公办高校淘汰下来的部分人才才会选择民办高校。因此民办高校的教师质量总体水平普遍低于公办高校也是一种必然。

4.5.3.4　对科研投入资金较少

科研，是一项文化任务，在民办高校都越来越多走校企联合、职业化培养的道路之后，科研任务的重要性开始慢慢下降。但是从民办高校的内涵式发展的角度来说，具有一定的科研能力是实现高校内涵发展和可持续发展的必要条件。而且，民办高校的科研能力在一定程度上也反映了其师资队伍建设的具体水平，是社会、学生等判断民办高校师资力量水平的重要标准。然而，目前民办高校的科研能力水平实在不容乐观。民办高校对科研项目的资金投入不足也是导致其科研能力较低的一个重要因素。民办高校的专业设置、日常教学大多数都是以教学为主要目的，以科研为目的的专业少之又少，并且，因为就业率的影响，专注科研的学生也很少到民办高校就读。种种原因都导致了民办高校在科研方面的投入不高。

另外一点，是民办高校教师自身科研能力较低，在科研的重要性下降，经费不足的情况下，科研型教师也不愿意到民办高校任职，高水平的科研型教师数量更是愈发减少，现有的民办高校教师也大部分将精力放在教学上，并不会花太多的时间和精力关注科研活动。综上所述，民办高校的科研能力与公办院校的科研能力相差甚大也不是没有原因的。缺乏科研型人才和学科带头人，就会造成学术研究能力差，能力差导致学校更加不重视，没有资金投入，这样的恶性循环使科研问题成了现在民办高校教师队伍发展的一个重点难点问题。

4.5.3.5　师资队伍建设管理制度不完善

有一个什么样的师资队伍，需要建设什么方向的师资力量，大部分的民办高校是没有清晰的方向和固定的标准的。因为民办高校在制定自己的教师队伍建设模式时，没有充分考虑自己院校的需求，因地制宜，而是过多参考公办院校的管理和建设模式。这样的模式在民办高校并不一定适用，所以在发展过程中出现了水土不服的情况。另外，在管理制度中，民办高校对教师的定位多是以教学为目的，忽视了对教师的培养力度。究其原因有二：首先是受制于经费的不足，民办高校在教师培养的投入与对教师能力的需求上不成正比；其次，民办高校教师流动性高，这就造成了培养成本过高，风险也相对较大。

4.5.4 民办高校教师自身方面的原因

对于民办高校和公办高校，社会评价不一，对在这两种学校供职的教师来说，人们的重视程度也是不可同日而语的。虽然国家政府也对民办高校实施了一些扶持政策，但是由于教育体制改革不完善、民办高校发展情况有差异，部分高校对教师提供的福利待遇条件相对较差。民办高校教师也面临着较大的工作和生活压力。在工作方面，由于民办高校普遍的教师数量不足，在校教师要承担更多的教学和管理任务，民办高校的学生素质和质量也与公办高校有差别，所以民办高校的教师在日常教学和管理过程中需要付出更多的心血，但是福利待遇并没有得到相应的提高。在生活方面，民办高校的教师工资福利待遇都没有办法与公办学校教师相比，现如今是经济社会，没有相应的经济收入，也会给教师造成很大的生活压力。

从民办高校教师的来源上看，其质量相较于公办院校也是有较大差异的。许多民办高校为达到教育部制定的指标，在人才引进方面也是只要学历达标，其他都是次要的。教师选择工作时把民办高校当成一个保底的选择。因此，许多新进教师都是身在曹营心在汉。

另外，民办高校是否有广阔的发展平台和空间的问题也是教师考虑的一个重点因素。由于民办高校的性质，教师们的评优、职称、进修等方面的条件是相对落后的，学校在这些方面并没有建立完善的管理制度，所以民办高校的教师在有了能进入更大平台的机会时，会更加轻易地放弃民办高校的工作机会，从而造成人才的流失。

5 重庆市民办高校师资队伍建设的个案解剖——以重庆财经学院为例

5.1 重庆财经学院师资队伍概述

5.1.1 重庆财经学院简况

重庆财经学院（原重庆工商大学融智学院）成立于 2001 年，2003 年经教育部批准为全日制普通本科层次的独立学院，2011 年增列为学士学位授权单位，2016 年获批为重庆市第二批整体向应用型转变试点高校。2020年经教育部批准转设为独立设置的非营利性民办普通本科高等学校。2021年获批为新增硕士学位授予立项建设单位。学校以经济学、管理学为主干，凸显金融学、会计学、经济学等学科的优势和特色，是一所财经特点鲜明的应用型本科高校。截至 2021 年年底，学校有专兼职教职工 997 人，其中专任教师 631 人，在校全日制本科学生人数 14 000 余人。现有经济学、管理学、工学、文学和艺术学 5 个学科门类，其中金融学为"十四五"重庆市市级重点学科，应用经济学为"十三五"重庆市市级重点培育学科。学校开设有 38 个全日制本科专业，其中金融学专业是国家一流本科专业建设点，金融学学科专业群是重庆市特色学科专业群。经济学、金融学、物流管理、会计学、软件工程是重庆市特色专业，经济学、物流管理、会计学、会展经济与管理、软件工程是重庆市一流本科专业建设项目。

在二十多年的办学中，学校以中国特色社会主义理论体系为指导，全面贯彻党的教育方针，秉承"做产教融合先锋，建新型财经名校"的办学愿景，遵循"夯实基础、以人为本，融合产教、追求卓越"的办学理念，践行"明德、健体、博学、笃行"校训，为把学校建设成为在全国有重要影响和产教融合鲜明特色的高水平应用型财经大学而努力，积淀形成了新财经集聚发展和产教融合人才培养两大特色，为国家培养了两万余名德才兼备的基层财经经营管理专门人才，为社会经济发展做出了积极贡献。

5.1.2 重庆财经学院师资队伍现状

学校全面实施"人才强校"战略，以"习近平新时代中国特色社会主义思想"为指导，围绕"做产教融合先锋 建新型财经名校"的办学愿景，牢固树立创新、协调、绿色、开放、共享的新发展理念，遵循教育规律，重点抓住人才引进、使用、培养和评价四个环节，突出人才队伍壮大、结构优化、素质提高三个建设重点，着力打造"三爱五高"人才队伍，即建设一支结构合理、业务精湛、相对稳定的教师队伍；建设一支政治素质高、职业操守好、引导能力强的辅导员队伍；建设一支服务意识强、综合素质好、高效精干的管理和服务队伍，为实现学校一流大学建设目标提供人才支撑。

截至 2021 年年底，学校有专兼职教职工 997 人，其中外聘教师 213 人，在自有教职工 784 人中，专任教师 631 人，占教职工的 80.48%；有高级职称教师 245 人，占专任教师的 35.35%；有硕士及以上学位教师 571 人，占专任教师的 82.39%；有 35 岁以下教师 318 人，占专任教师的 45.89%；有 36~55 岁教师 326 人，占专任教师的 47.04%。学校教师的学位结构、学历结构、职称结构、年龄结构比较合理（见表 5-1），全校生师比为 17.97∶1。近五年来，学校师资队伍建设水平不断提升，师资队伍呈现出以下几点特征：

5.1.2.1 师资队伍不断壮大

根据报表数据，2017 年，学校在职教职工总共 540 人，其中专任教师 386 人，辅导员及管理人员 154 人，外聘教师 261 人。截至 2021 年年底，学校在职教职工共 784 人，其中专任教师 631 人、辅导员及管理人员 153 人，另有外聘教师 213 人。相比 2017 年，在职教职工人数增长了 45.19%，外聘教师人数减少了 18.39%。

表 5-1　重庆财经学院近 5 年教职工人数　　　单位：人

项目		2017 年	2018 年	2019 年	2020 年	2021 年
在职教职工总人数		540	572	574	679	784
其中	专任教师	386	407	473	565	631
	辅导员及管理人员	154	165	101	114	153
外聘教师		261	274	257	202	213

学校不断增加自有专任教师人数，整体师资队伍的壮大主要来源于专任教师的增加，专任教师比 2017 年增加了 63.47%，辅导员及管理人员人数基本没有变动。2021 年，自有专任教师人数的占比也从 71.48% 提升到了 80.48%，教师队伍结构进一步优化。

5.1.2.2　以中青年教师为主

学校的专任教师队伍中，中青年教师占主体地位，特别是中年教师的增长非常明显。2017—2021 年，35 岁及以下的专任教师增加了 63 人，36~55 岁的专任教师增加了 158 人，而 56 岁及以上的教师增加了 24 人（见图 5-1）。

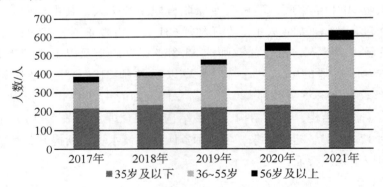

图 5-1　专任教师队伍年龄结构变化（2017—2021 年）

从年龄结构来看，2021 年，35 岁及以下的青年教师占比为 44.21%，36~55 岁的中年教师占比为 47.54%，56 岁及以上的教师占专任教师的 8.24%。

5.1.2.3　高学历教师占比增加

学校专任教师绝大多数具有硕士研究生及以上学历，且高学历教师的比例呈上升趋势，从增长幅度来看，具有博士学位的专任教师数量从 29 人增加到了 50 人,增长率为 72.41%;具有硕士学位的专任教师数量增长了 73.13%,学士及以下专任教师数量增长了 31.46%(见图 5-2)。

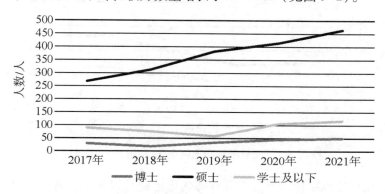

图 5-2 专任教师队伍学历结构变化(2017—2021 年)

从学历结构来看,专任教师队伍仍然以硕士研究生为主。2021 年,博士研究生教师占比 7.92%,硕士研究生教师占比 73.13%,学士及以下的教师占比 18.54%(见图 5-3)。

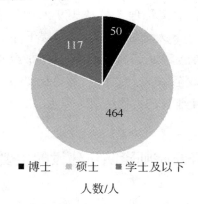

图 5-3 2021 年学校专任教师队伍学历结构

5.1.2.4 职称结构不断优化

学校专任教师队伍中,具有高级职称的教师持续增加,特别是副高职称的教师增幅将近两倍。从人数来看,各职称人数均有不同幅度增长,近 5 年来,具有正高级职称的专任教师从 44 人增加到了 78 人,增长了 77.27%;具有副高级职称的专任教师增长了 180.703%,中级职称的专任教师增长了 32.95%,初级及以下的专任教师增长了 45.53%(见图 5-4)。

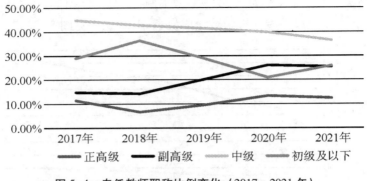

图 5-4　专任教师职称比例变化（2017—2021 年）

从职称比例结构来看，专任教师队伍已经从以中级职称为主转变为中高级职称为主，副高级以上占比大幅上升，中级、初级及以下教师比例则下降明显。2021 年，正高级职称教师占比 12.36%，副高级职称教师占比 25.36%，中级职称教师占比 36.46%，初级及以下教师占比 25.83%。

5.1.2.5　辅导员及管理服务队伍基本保持稳定

"十三五"期间，学校管理人员从 109 人增长至 153 人，增长率为 41.28%。其中校领导由 5 人增加至 8 人，中层干部由 28 人增加至 43 人，科级干部由 30 人增加至 54 人，科员由 46 人增加至 49 人。辅导员队伍采用专兼结合的方式，截至 2020 年，专职辅导员 28 人，兼职辅导员 98 人，其中专职辅导员有硕士学位的占比达 90% 以上。

5.2　重庆财经学院师资队伍建设的主要做法

高水平师资是大学的核心要素，人才队伍建设是学校工作的重中之重。《国家中长期教育改革和发展规划纲要》（2010—2020 年）提出，教育大计，教师为本。有好的教师，才有好的教育。要努力造就一支师德高尚、业务精湛、结构合理、充满活力的高素质专业化教师队伍，提升学校的综合竞争力。因此，重庆财经学院实施"人才强校"战略，坚持以薪酬激励机制改革为突破口，进一步创新人才工作机制，完善人才工作制度，加大人才引进和培养力度，努力建设一支结构合理、素质较高、业务精湛、相对稳定的教师队伍；建设一支政治素质高、职业操守好、引导能力强的辅导员队伍；建设一支服务意识强、综合素质好、高效精干的管理和服务队伍。

5.2.1 创新人才引进机制，确保人才质量

5.2.1.1 科学谋划，分阶段有重点地开展人才引进

重庆财经学院根据发展规划建设目标，以学科建设和专业建设为主线，制定了"十三五""十四五"《师资队伍建设规划》，分阶段、有重点地推进人才引进工作，在重视数量引进的同时，创新人才引进机制，确保人才质量。学校历来高度重视教师队伍的补充和师资结构优化，随着学校办学规模的不断扩大，充足的师资队伍是教学质量的保障。学校自2013年起加大校本教师队伍的引进，学校通过积极引进国内知名高校和具有海外留学背景的优秀硕（博）士研究生充实学校教师队伍，改善学校教师结构，建设以校本教师为"主体"的师资队伍。从2013年到2016年，学校教师队伍实现了较快增长，基本满足学校正常的教学科研需要。2017年起，学校更加重视教师队伍的补充质量，提高了教师队伍引进的基本门槛，新进教师以985、211工程院校应届毕业生和海外优秀硕士毕业生为核心部分。2020年起，则主要以引进博士、副教授及以上高层次人才为主，制定并出台《重庆财经学院高水平师资队伍五年建设规划（2021—2025年）》，五年内，重点实施博士引培和高职称及"双师型"教师引培"四百"计划。

5.2.1.2 创新引进机制，大力引进高层次人才

学校2015年出台了《高层次人才引进计划》，紧密围绕特色、优势专业和特色研究方向，加大人才引进力度，重点培养一批具有发展潜力的学术带头人和学术骨干，着力打造一批创新能力强、特色鲜明的优秀创新群体。2017年开始大力实施高层次人才引培工程，打破传统制约，创新引进机制，采取多形式和多渠道引进各级各类人才，不断提高高层次高学历人才的比例，提升校本教师实力。一方面，学校进一步完善高层次人才队伍建设的配套措施和体制，搭建创新平台，充分利用民办高校人才引进的灵活性和自主性，以正面宣传、社会招聘为主，辅之以广泛的社会人际关系开展深入细致的联络寻访，采取"在职为主，退休为辅"的两手抓的办法引进学科带头人。并为人才提供个性化的工作条件，签订个性化劳动合同及协议，真正发挥其学术或科研骨干作用。另一方面，学校进一步拓宽高

层次及紧缺人才引进的渠道，本着"不求所有，但求所用"的原则，柔性引进高层次及紧缺人才，对于一些专家型人才，采取聘任为特聘教授或客座教授等引进方式，引进其智力资源，为学校教学、科研和特色发展提供人力资源保障。

5.2.2 改革师资培养模式，将师资培养体系化

5.2.2.1 成立教师发展中心，优化师资培训工作机制

随着校本师资数量的增加，学校存在师资队伍年轻化，教育教学能力不足等问题。虽然都经历了硕士、博士的专业学习，接受了良好的系统化专业训练，但是忽视了教育教学以及其他可迁移能力的培养，教育教学能力主要通过导师示范或者个人在教育教学过程中的实践摸索形成，教学规范和教学能力水平亟待培养和提升。为加强教师队伍建设，持续提高教师教育教学能力，提升学校教育质量和人才培养质量，学校于2016年7月学校成立了学校教师发展中心，挂靠教务处，着重通过各类培训提升教师教学能力。2018年，学校大力发展教师发展中心，聘任校外专家为主任，形成"1+2"的教师发展中心管理运行团队，将提升"三支队伍"的教育教学能力作为中心重点任务，形成了教师发展中心牵头统筹，与教务处、学生处协同联动，二级学院参与的运作机制，通过培训与比赛切实加强队伍建设。

5.2.2.2 建立"1+3"教师职业发展管理体系，师资培养实现体系化

2020年，学校独立建制教师发展中心，与组织人事部合署办公，更加强化了教师发展中心在师资队伍建设中的重要作用，也体现了学校对师资队伍建设的重视程度。学校教师发展中心以"三支队伍"教育教学能力提升为重点，建立以《教学准入管理办法》为核心、《教师教育教学能力提升实施办法》《教学梯队管理办法》《青年教师职业发展规划实施办法》为基本的"1+3"的职业发展规划管理体系，构建了"入职培训+专题培训+日常培训"的系统培训，并以教师教学技能比赛和辅导员素质大赛为抓手，选拔优秀教师参加市级以及全国性教育教学技能比赛，提升教师影响力和品牌宣传力。近五年教师发展中心通过举行新进教师说课比赛、中青年教师讲课比赛、微课教学比赛、"互联网+"课堂教学大赛、教学创新比赛以及辅导员素质大赛等以赛促教；按照"请进来""走出去"的模式，通过名师讲座、教学沙龙、教学午餐会、外出培训等形式对教师进行青年教

师教学能力、在线开放课程建设、智慧教学、混合式教学模式、课程思政等为主题的教育教学业务能力，青年教师培训达到全覆盖，参与各类培训、讲座、交流达 6 000 余人次。

5.2.3　提供各类教师发展政策平台，提升人才使用成效

5.2.3.1　搭建学历提升政策平台

为提高在职教师的学历水平，学校 2016 年就制定了《教职工攻读博士学位管理办法》，加大了对教师读博的政策支持力度。同时，积极搭建国际化培训交流平台，自 2016 年开始，每年选拔校本教师赴美国、英国、中国香港、德国、马来西亚、泰国、新加坡等地培训学习、考察访问，提高师资队伍的国际化水平。学校积极拓展海外高校博士联合培养项目，输送教职工到海外读博深造。2019 年，我校与马来西亚世纪大学博士项目落地，并建立合作导师机制，初步实现博士"柔性联合培养"。学校对项目不断进行优化升级，目前合作高校增加马来西亚拉曼大学、泰国易三仓大学和泰国东南亚大学。累计攻读人数达 50 人，17 名教师获得博士生导师证书。

5.2.3.2　搭建自有高水平"双师型"教师建设平台

作为应用型民办本科高校以培养应用型人才为主，而教师作为教学过程中的主体之一，不仅要有深厚的专业知识，还要有较强的实践教学能力。2018 年学校出台了《教职员工挂职锻炼管理办法》，并将挂职锻炼作为专业教师高级职称评定的基本条件，并通过修订《教学工作量认定及管理办法》，给予企业挂职的教师每天 1 学时的辅助教学工作量的认定，鼓励青年教师定期深入企业，进行挂职锻炼与学习，获取行业实践经验，使自有师资成长为"双师型"教师。同时学校鼓励教师考取专业技术资格证书，实现理论知识与专业技能的融合，成为名副其实的"双师型"教师。积极发挥业界教师作用，学校安排业界教师与自有专职教师进行"1 对 1"合作交流，形成师资团队内各类型教师的互动合作机制，鼓励 20% 的校本教师向"双师型"转型，使"一体两翼"师资结构比例达到 5∶4∶1。

5.2.3.3　组建教学团队和学术梯队，提高教师教学科研能力

一是构建良好的教学团队等教学基本组织。学校以教学工作为主线，以先进的教育理念为指导，以人才培养质量的提高为目标，以专业建设、课程建设为重点，构建以教学研究和课程建设为核心的教学团队，以教研

室+课程组等教学基本组织形态呈现，并将以青年教师的培养作为教学团队人才队伍建设的重要任务。学校建立首席教授制度，通过聘请知名的学者培养青年教师队伍，建立团队成员间的互动合作、相互学习、共同提高的机制，实现团队整体素质的提升与优化。二是加强学术梯队建设。学校以地方经济产业需求为导向，结合学校专业特色和科研人才实际，打造特色科研平台，并有组织、有计划、有重点地抓好学术梯队的建设。学术梯队主要以学科带头人和学术骨干领衔，作为学校重点建设的学术梯队，目标明确，以完善科研奖励机制和考评体系为保障，充分发挥了考评工作在推进科研工作中的作用，提升科研平台考评与学术带头人、学术骨干考核的有序衔接水平，引导学校平台快速发展，助力人才梯队建设。近年来，学校获批市级博士后科研工作站 1 个、省部级重点实验室 1 个、厅局级行业重点实验室 1 个、市级高校科技创新研究群体 1 个、市级高校哲学社会科学协同创新研究培育团队 1 个，与协会学会、研究机构、市场主体合作共建协同创新平台 5 个。

5.2.4　实施以标志性成果为导向的创新教师职称评聘机制

5.2.4.1　实施与学校阶段性任务相适应的职称评聘的创新通道

学校紧密围绕中心目标和阶段性任务，需大力提升教师教学和科研水平，需充分发挥辅导员思想引领的作用，同时需深度产教融合，增强学生的创新创业能力，因此学校在教师的教学水平、科研能力、对学生思想引领、指导学生创新创业等方面实施了职称评聘的创新通道，充分发挥了民办体制机制，对有潜力的青年教师开辟了创新职称评聘通道。

5.2.4.2　实施以标志性成果直报"高评委"的机制

学校坚持标志性成果导向，坚决克服"五唯"顽瘴痼疾，构建以能力、实绩和贡献为核心的教师评价机制，形成"能者上、平者让、庸者下"的鲜明用人导向，营造竞相发展的浓郁氛围。从 2020 年专业技术资格申报评审开始，就针对在教学、科研、创新创业及学校急需突破的领域有突出成果的教师，实行直报"高评委"评审的申报方式，成绩突出、符合相关条件者，可在现有专业技术职务的基础上，申报高一级专业技术职务。2020 年有 3 名教师通过直报方式取得副高级职称，其中马克思主义学院李佳以重庆市级讲课比赛特等奖，会计学院贺高祥、陈影以获批国家社科基金项目的形式进行直报高评委，特别是陈影老师以硕士、讲师的身份获批国家级基金项目，对学校的青年教师起到了激励作用。2021年又有两名教师以获批国家社科基金项目的形式进行直报高评委。

5.2.4.3　实施"低职高聘"职称评聘制度

对于围绕学校中心工作及阶段性目标做出突出贡献的老师，根据业绩大小进行高聘职称，鼓励优秀青年教师脱颖而出。2019年，学校成功获批重庆市重点实验室，为了实验室的建设得到充分保障，急需高层次人才的支撑，在充分挖掘具有高潜质的青年教师中时，首次建立"低职高聘"职称评聘制度。学校讯飞人工智能学院何昌华因突出业绩，以"助教"待遇直接享受"副教授"待遇。学校与何昌华签订岗位聘用协议，约定享受"副教授"的权利、责任和义务，明确其在教学工作、科学研究、社会服务中的工作内容，规定其个人取得标志性成果后的奖励标准。

5.2.4.4　实施非高校教师职称和专业技术职业资格认定制度

为支持业界师资和实践应用型师资在学校职业发展，为学校产教融合工作做出贡献，学校进一步修订完善了《专业技术资格申报评审条件》，制定了非高校教师职称和专业技术人员职业资格认定条件。凡取得重庆市专业技术人员职业资格，且具有行业从业经验者，可申请按照《重庆市职称改革办公室关于建立专业技术人员职业资格与职称对应关系的通知》（渝职改办〔2019〕140号）文件精神，完成学校非高校教师职称对应职称认定的即可享受职称待遇。2021年共有两位取得专业技术人员职业资格的教师申请认定。

5.2.5　优化教职工考评体系，建立差异化薪酬体系

教师是学校的主体，师资队伍建设的另一个核心因素就是师资队伍的管理工作，即需要通过建立良好的激励和竞争机制，充分调动教师的工作积极性与创造性。于是，根据学校教育事业发展的需要，近年来积极推动了人事制度改革，逐步建立科学合理的分类考核评价体系，灵活采取物质激励、精神激励等方式，提高教师工作满意度，进而稳定师资队伍。

5.2.5.1　构建了与岗位类别特点相适应的评价体系

在评价指标的设定上，对于实践应用型人才，突出应用导向，重点评价解决应用问题的能力，以师德师风一票否决制、教学工作、科学研究、社会服务等四维度作为评价标准。其中，专职教师按师德师风、教学、科研、服务四维度进行考核并且下放二级学院，在学校指导考核实施意见下

自行设置二级学院基础绩效考核办法，自行考核、自行分配、自行定级；专职辅导员按师德师风、基本工作、学生评价、学院服务四维度进行考核，由学生处纳入统一考核评定。管理服务岗构建"忠诚度+服务质量+实际业绩+创新能力"的 4 维度考核体系，激发教职工投入转型的积极性。坚持共性考核与个性考核相结合、整体导向与分类导向相结合、结果考核与过程考核相结合、个体考核与团队考核相结合，全面实施目标责任管理和考核，为实施差异化的薪酬激励机制提供制度依据。

5.2.5.2　设计了分层次考核体系

针对不同类别、不同层次的专业技术职务，在四维度教师评价体系上，各板块及各指标权重有所偏重，根据教师所选定的类型，设定考核内容。如在偏重教学教师的考核内容中，教学指标占比 60%，注重教学数量、教学效果、教学研究、教学成果的评价，将本科教学评估情况、通识课教学情况、指导学生参加竞赛、承担教学研究项目、出版规划教材、获得国家级教学成果奖等作为评价标准，推进践行教书育人使命。对于辅导员系列教师，考核单列，增设了相应的业务条件，引导辅导员专心做好学生思想政治工作。

5.2.5.3　构建差异化绩效薪酬体系

全面梳理清查教职工薪酬体系，对原有薪酬体系进行改革，构建业绩导向和目标导向的激励机制，形成有吸引力和竞争力的薪酬体系。一是开展职位分析，明确岗位职责，构建高效、精干的岗位序列。在此基础上，进行岗位评估，根据岗位所需要的知识技能、承担的岗位责任和工作强度进行分级，明确关键岗位和重点岗位。二是根据工作岗位和人才类别优化薪酬设计、完善薪酬结构，构建以任务和强度为依据的差异化薪酬体系，进一步提高员工的爱岗敬业精神和工作热情。在 2015 年，对于同一层级人员，根据其对学校的贡献程度，为提升档次，设立了"薪级工资"，同时将"年终奖"改为"基础绩效"，随后工资体系逐步转变为"岗位工资+薪级工资+院龄津贴+基础绩效"模式，其中基础绩效占教师总收入的 20%左右，基础绩效工资考核权下放至二级部门，规范二级教学院部考核机制，充分发挥二级院部在教学运行、教学建设和教学改革等方面的主体作用，激发教职工教学的积极性。2018 年，为有效激励学校发展做出突出贡献的个人和团体，制定并通过了《教职工竞争性绩效方案》，按照"多劳多得、优劳优得"的原则面向全校教职工的 50%～70%，设置"竞争性绩效"，并根据学校每年事业发展实际情况实施动态调整。从 2021 年起，逐步试点"竞争性薪酬"，用于奖励围绕学校阶段性目标做出突出贡献的人员（全校教职工 10%~15%），按照贡献度大小，增加年收入（净增 5~35 万），使其年工资总收入在重庆具有明显的竞争力。最终形成"一干两支"薪酬体系（即基本工资体系为主干，竞争性绩效和竞争性薪酬为两个支干），实现由传统模式到注重与学校发展需要的实绩相结合的渐进改革，着力使学校薪酬在重庆市同类高校中具有明显竞争力。

5.3 重庆财经学院三支队伍建设的特色经验

5.3.1 专任教师队伍

专任教师队伍作为学校师资队伍的关键组成部分，承担着学校人才培养和科学研究的核心任务，队伍规模的大小和结构的优劣直接关系着人才的培养质量和学校的未来发展。重庆财经学院一直秉承"做产教融合先锋，建新型财经名校"的办学愿景，围绕"建设成为在全国有重要影响和产教融合鲜明特色的高水平应用型财经大学"的办学目标，努力建设一支结构合理、素质较高、业务精湛、相对稳定的教师队伍。

5.3.1.1 深化师资评聘改革，构建适应转型发展的"一体两翼"特色师资团队

自 2015 年以来，学校确定了构建适应转型发展的"一体两翼"特色师资团队的师资建设目标，为应用型人才培养做好保障。通过不断深化师资评聘制度改革，通过外引+内培打造应用型的特色师资队伍。一是以校本教师为主体，不断优化学历、职称、年龄结构。加大校本青年教师队伍的引进和校本"双师型"教师队伍建设，从业界引进聘任具备行业职称的中高级人才，享受相应的职称待遇。在 2021 年增加非高校教师职称和专业技术人员职业资格认定条件，正式纳入学校《专业技术职务任职资格申报评审条件》。二是随着校本教师队伍数量的稳步增长，严格落实外聘教师聘用及管理办法，重点对校外学术型教师队伍进行了调整，在满足教学需要的前提下，着重聘请教学水平高、学生评价好、敬业精神强的校外学术型教师。三对创新业界"双师型"教师评聘制度。2015 年制定《"双师型"教师、"客座教授""学术型教授""产业教授"教师资格认定标准管

理办法》，从企业、行业协会、政府部门评聘有丰富从业经验的业界人士充实教师队伍，实施评聘分离，为业界师资进学校、进课堂创造条件。"双师型"教师充分发挥其行业经验优势，积极参与课堂授课、毕业论文指导、教学实践以及专业建设指导，通过课堂内外实践经验的传授，有利于提升学生和年轻教师的实践教学能力。经过 3~5 年的建设，校本教师、业界"双师型"教师、其他高校高水平教师比例达到 7∶2∶1，形成"一体两翼"的特色师资队伍。

5.3.1.2 严格落实教学准入，把好教学入口第一关

学校于 2017 年制定了《教学准入管理办法》，一方面对新入职教师实行教学准入管理，需取得"主讲教师资格证书"后，方能独立承担本科课堂教学任务。另一方面，进一步规范了新进教师助课内容和规范，明确了"老带青"中的导师职责。教学准入制度有严格规范的流程，暨新入职教师或新开课教师需完成一定学时的教学培训、一门课程完整的助课、试讲及授课考察，合格后才能获得主讲教师资格证，并设定了退出机制，即教学准入试讲两次不合格就转岗，若连续三学期两次教学质量评价排名为后5%，则暂停授课资格，退到教师发展中心进行专业能力达标培训。近五年，学校严格执行新进教师助课制度和教学准入制度，主讲教师资格逐步实现了全覆盖。近 200 名新入职教师和新开课教师在经过一学期导师一对一的指导和培养后，通过了教师发展中心教学准入试讲考核，可以取得初次上课资格，再经过一学期的授课考察后，最终取得课程主讲教师资格证后才能真正独立上岗授课。教学准入试讲初次合格率为 95%，课堂教学规范逐步增强，从而保障新进教师能站上讲台，所有教师站稳讲台。

5.3.2 辅导员队伍

高校辅导员被教育部明确定位为高等学校教师队伍的重要组成部分，是高等学校从事德育工作、开展大学生思想政治教育的骨干力量，是大学生健康成长的指导者和引路人。近年来，重庆财经学院深入学习贯彻全国高校思想政治工作会议精神，把辅导员队伍建设摆在学校工作的突出位置，整体谋划、统筹安排，全面提升辅导员队伍专业化职业化水平。辅导员队伍建设实施精细化、团队化、专业化、竞赛化"四大建设举措"，优化辅导员素质能力提升工程，完善辅导员助理制度，培育辅导员工作室，开展辅导员职业技能大赛、辅导员主题班会大赛、辅导员沙龙、学工论坛

等专题活动及培训

5.3.2.1　构建"理论培训"和"实践锻炼"一体化培养机制

用好教育部和重庆市辅导员培训平台和优质资源，坚持总体规划和个性特色相结合，结合学校实际精心选择和制定学习内容，构建"国家—重庆市—学校—学院"四级培训体系。近五年举办岗前教育、安全知识、心理健康、就业工作等专题培训50余场，培训人员近1 000人次。连续八年举办辅导员职业技能大赛，从优选派10余人参加市级比赛，获得市级奖励5人次。鼓励学历学位层次提升，将辅导员攻读博士学位纳入学校师资培训规划和人才培养计划，享受专任教师培养同等待遇。充分结合专业背景，选聘优秀辅导员担任思想政治理论课兼职教师和专业课兼职教师，纳入教学技能提升培训和教学准入考核。定期举办辅导员沙龙、学工讲堂等，围绕思想政治工作重点问题，开展专家解读、集中研讨、经验分享、联合攻关等，提升辅导员工作科学性、规范性和创新性。

5.3.2.2　创新激励形式，助推辅导员职业发展

完善辅导员工作评估体系和考核奖励办法，把优秀辅导员表彰奖励纳入学校荣誉表彰体系，实行名额单列，将考核结果和评优评奖作为行政职级和专业技术职务晋升的重要参考。打通辅导员职级职称晋升通道，参照学校教师系列职称晋升规定制定辅导员系列职称申报条件，申报条件注重考核工作实绩和业务能力。辅导员可结合自己的职业发展规划，根据任职年限及实际工作表现，可以选择教师系列和辅导员系列职称申报。同时，拓宽辅导员职业发展多元通道，在满足一定条件后，辅导员可以转到教学科研或专职管理岗位，实现辅导员队伍有序流动和持续发展。

5.3.3　管理服务人员

随着高校办学规模的不断扩大，推进内涵式发展已成为我国高等教育改革发展的重大主题，因此高校内部管理体制也在不断改革完善，管理人员既是教学科研工作的服务者，也是政策的具体执行者，也同时承担着决策与协调控制的职能，因此必须要具备现代的管理意识和以师生为本的服务理念，良好的综合素质和高效的开拓创新能力，以及较强的组织协调、沟通决策和执行的能力。重庆财经学院将管理人员作为师资队伍建设中的重要部分，旨在打造一支层次高、能力强、素质好的高效精干的管理队伍。

5.3.3.1 改进和完善管理人员选拔任用机制

作为民办高校，具有灵活的运行机制，科学设置内设机构，做好"定岗、定编、定员"工作，切实完成各岗位工作职责和工作内容，强化服务意识与责任担当，营造团结协作的工作氛围。管理人员聘任的原则是"因事设岗，公开招聘，择优聘用，严格考核"，对于管理干部则采用干部竞聘上岗、能上能下机制。大力支持专任教师从事管理工作，薪酬采用就高原则，破格提拔。推动管理干部队伍年轻化，建立常态化选拔工作机制，切实加强青年干部培养，激发干部队伍生机活力，推动各项工作高质量发展。

5.3.3.2 加强培训建设专业化管理队伍

将管理人员培训纳入师资队伍培训重点内容，并提高培训的专业性和针对性。近两年，为进一步提升干部队伍思想政治素质和管理能力，学校组织开展了干部素质能力建设系列讲座，从事业规划、管理者素养、学科发展等方面，提升管理干部和学科建设队伍综合素养，培训所有科级以上干部及教研室负责人共计800余人次。

5.4 重庆财经学院师资队伍建设的主要成效

5.4.1 "一体两翼"特色师资队伍基本形成

5.4.1.1 师资结构明显优化

通过大力引进和培养高层次人才，高学历、高职称师资数量逐年提高，目前该校专任教师中副高及以上职称人员占比已达22.4%，相比2014年增长了148%，博士占比达7.3%，比2014年提高了15倍，硕士以上学历占比达96.5%，职称、学历结构逐步优化。截至2020年年初，学校现有专任教师602人，生师比为17.89：1。专任教师总数比2014年提高了129%，专任教师队伍人数呈现逐年增长趋势。其中，具有博士学位教师的比例为7%，比2014年提高了15倍；具有高级专业技术职务教师的比例为22.4%，相比2014年增长了148%；校本教职工中40岁以下占83.3%。近5年来招聘的教师中40%以上来自985、211工程院校，10.7%具有海外硕士研究生背景。

5.4.1.2　应用型师资建设成效初显

学校充分利用体制机制的灵活性，探索出校企共建"教学项目、订单班、专业、产业学院和产业园"等合作办学新机制，形成"五维递进"产教融合人才培养新模式。与科大讯飞股份有限公司共建讯飞人工智能学院，与重庆大数据人工智能创新中心有限公司共建软件产业学院，与重庆誉存大数据科技有限公司、重庆百行智能数据科技研究院有限公司共建誉存金融科技学院。近五年，坚持引进与培养并重、专职与兼职并用的理念，通过从业界引进有行业经验的专职教师、聘任业界专家为外聘"双师型"教师以及校本教师通过挂职锻炼等方式，应用型师资建设显成效。截至 2021 年年底，学校有专任教师 801 名，其中自有教师 699 名，外聘教师 256 名，"双师型"教师 151 人，其中"双师型"教授 50 人，"双师型"副教授 74 人，"双师型"讲师 27 人，产教融合专家 45 人。目前 38 个本科专业，保证了每一个专业都有 1 名副教授以上职称的专任专业教师，至少 2 名业界双师，各个专业都构建了一体两翼的特色师资队伍。

5.4.2　高层次人才引培效果突出

近五年，学校累计引进各类高层次人才 15 人，其中国家杰出青年科学基金获得者 1 人、中国科学院"百人计划"获得者 1 人、国家"万人计划"领军人才 1 人、中组部首届"'万人计划'青年拔尖人才支持计划"获得者 1 人、国家有杰出贡献中青年专家 1 人、国务院政府特殊津贴 4 人、国家贸易部有突出贡献的部级专家称号 1 人、重庆市首届"巴渝学者特聘教授"1 人、长江学者特聘教授 1 人、重庆市学术技术带头人 1 人、重庆市学科带头人（后备）人选 1 人、重庆市"人口资源与环境经济学"学术技术带头人 1 人、江苏省普通高等学校优秀中青年骨干教师 1 人。

5.4.2.1　高层次教学人才格局基本形成

（1）课程教学团队：2017 年年底，学校以经济学院为试点，以首席教授制为着力点，以经济学科专业基础课程群为抓手，聘请国家一流高校南京师范大学教授李政军担任经济学教学团队首席教授，全面引领团队建设。（2）教学管理团队：引进学术和实战能力强的人才在二级学院实行双带头人管理。9 个学院全部采用双带头人管理，讯飞人工智能学院探索"企业+学校"双院长制。（3）应用型师资团队：新媒体艺术学院搭建以"产业教授+'双师型'教师（外引+内培）"的应用型教师团队。会计学院构建"高级会计师+业务骨干+会计领军人才"的应用型师资团队。（4）依托合作机构师资，构建"国际化+职业资质"的师资队伍。依托 ACCA、CFA 合作机构的师资力量，引进具有国际教育背景和 ACCA 会员的教师，从事 ACCA 国际项目的教学，提高教学质量和育人水平。现已引进和培养具有 ACCA、CFA 资格的教师 6 名，ACCA 合作机构安排具有 ACCA 资格的教师 13 人，其中外籍教师 4 人。

5.4.2.2 高层次人才引领学科发展成效初显

学校根据学科发展需要，从国内高校柔性引进了数名优秀学者担任相关学院的学科带头人，近五年我校学科领域取得多项突破。周启刚教授牵头成功申报"生态环境空间信息数据挖掘与大数据集成重庆市重点实验室"由重庆市科学技术局认定（渝科局发〔2018〕10 号），是重庆市民办高校第一个省部级重点实验室，并于 2020 年通过合格验收。以文传浩教授为指导专家的团队，指导校本教师完成国家社科基金项目成功申报，实现连续 4 年不断线，并指导多名教师围绕绿色发展、生态经济等领域形成相关的系列论文以及成功申报省部级项目，获得省部级领导肯定性批示一份；以曾波教授牵头组建的 4 人团队，以学校为第一署名单位，在 A/B 类重要学术期刊共发表学术论文 5 篇，其中 A1/A2 级别期刊各 1 篇、SSCI/SCI 源刊 4 篇，ESI 全球前 1%被引论文 1 篇，指导团队成员成功申报重庆市科技局项目；团队成员成功申报重庆市自然科学基金二等奖 1 项。

5.4.3 校本教师教育教学科研能力增强

5.4.3.1 课程教学团队建设初见成效

已搭建完成教研室+课程组的基层教学组织基本形态，对专业、课程建设形成了有力的组织支撑。按照一个专业一个教研室的设置原则要求设置专业教研室。2017 年修订了《教研室主任工作条例》，进一步明确了教研室职能和教研室主任的职责与权利，制定了《教研室主任考评激励办法（试行）》，通过设置教研室主任考核绩效，优秀教研室主任评选等提高教研室主任的工作积极性和主动性。同时 2017 年 11 月制定了《课程组及课程负责人制度实施意见（试行）》，2018 年以来已建立了 18 个课程组，促进课程建设，对于提高课程建设效率发挥了积极作用。18 个课程组共成功申报在线开放课程 10 门，教改项目 8 项。经济学课程教学团队，立项省部级教改项目 6 项，发表教改论文 21 篇；立项国家级科研项目 3 项、省部级科研项目 18 项，发表核心及以上论文 16 篇；被认定市级一流本科课程 2 门、市级课程思政示范项目 1 项；建设在线开放课程 2 门；出版教材 5 本；新增市级教学比赛获奖 21 项；获批重庆市虚拟教研室试点建设项目 1 项；有 4 人攻读博士学位，1 人晋升副教授，8 人晋升讲师，1 人入选 2019 年巴渝学者计划（青年学者）。

5.4.3.2 教师教育教学成果显著

一是教育教学改革研究突出。教师参与教育教学改革积极性逐步提高，近 5 年重庆市教学成果三等奖 3 项，其中二等奖 1 项；共立项教育部产学合作协同育人项目 6 项，重庆市深化教育领域综合改革试点项目 5 项，重庆市教育教学改革项目 60 项（其中重大项目 2 项、重点项目 7 项）；获批市级一流课程 18 门，市级课程思政示范课程 5 门；市级思政课程与课程思政（学科德育）优秀案例及论文获奖 16 项；获重庆市课程思政教学名师 2 人，重庆市课程思政教学团队 2 个；市级优秀基层教学组织典型案例 1 项；2021 年市级试点虚拟教研室；校级教改项目 50 项，校级在线开放课程建设项目 40 项，校级规划教材立项 20 项，出版自编教材 33 部，已有 96 门课程实施课程考核方式改革。二是教育教学能力提升。通过实施培优工程，教师们在重庆市高校教师微课教学比赛、重庆市高校教师教学创新大赛、重庆市思政教师教学比赛以及全国民办高校辅导员素质能力大赛，荣获 20 余项市赛奖项，其中特等奖 1 项，二等奖 6 项，三等奖 12 项。三是指导学生竞赛成绩突出。学生参加全国性学科专业竞赛累计获奖 348 项。其中，在《2015—2020 年全国普通高校学科竞赛排行榜》内的竞赛项目屡创佳绩，如第五届、第六届中国国际"互联网+"大学生创新创业大赛市级银奖、第十二届"挑战杯"大学生创业计划竞赛全国铜奖获得第十一届全国大学生数学竞赛（非数学类）一等奖，重庆市（赛区）奖项 58 项；获得各教指委、学会、行业协会等主办的竞赛项目全国奖项 125 项，重庆市（赛区）奖项 162 项。

5.4.3.3 教师优质学术科研成果不断突破

国家社科基金项目立项 5 项，立项 2021 年全国教科规划青年项目 1 项，教育部人文社科项目立项 4 项，省部级科研项目立项超 140 项；承担各类企事业单位委托的横向课题 94 项，合同经费累计达 1 499.32 万元；发表公开发表学术论文 916 篇，其中，首次在"三报一刊"发表理论文章 1 篇，发表《新华文摘》全文转载理论论文 1 篇，中央级报刊文章 1 篇，

D 级以上核心期刊论文 348 篇，SCI/EI 论文 36 篇（ESI 高被引论文 2 篇），CSSCI 检索论文 59 篇，CSCD 检索论文 51 篇，出版学术专著 39 部；申请发明专利 30 项，授权专利 2 项；7 项决策建议获得省部级领导批示。在杭州电子科技大学中国科教评价研究院发布的《2021 中国民办本科院校及独立学院科研竞争力评价研究报告》中，学校科研竞争力评价为 A 级，位列全国民办本科院校第 20 位，科研进步指数排名第 6，总体获评科研强校（一类）。

5.4.3.4　高层次人才培养效果突出

高层次人才培养方面，学校坚持"引进一个、培养一个、成功一个"的原则。截至"十三五"末期，自主培养博士（在读博士）34 人、自主培养副高级以上职称 45 人（其中正高级 6 人）。校本教师中，入选重庆英才名家名师（哲学社会科学）1 人、巴渝学者计划（青年学者）2 人、重庆市学科带头人（后备）人选 2 人、重庆市会计领军（后备）人才 1 人、重庆市会计青年（后备）英才 2 人、重庆市骨干教师 2 人、重庆市优秀教师 1 人、重庆市优秀人才计划 1 人、第二期特色专业骨干教师海外研修 1 人，获得国家留基委公派留学攻读博士学位 1 人、清华大学国家艺术基金人才培养项目 1 人。校本教师中的市级人才数量位居同类高校第一。

5.4.4　"正三角形"教师评价体系初步形成

重庆财经学院充分发挥民办高校体制机制优势，在薪酬、职称、绩效三个方面评价改革实践，初步形成较为稳定的民办高校"正三角形"教师评价体系，充分调动广大教师围绕学校中心任务干事创业，充分发挥教育评价"指挥棒"作用，实现学校和教师融合发展；同时形成可复制可推广的教师评价体系，以期为民办高校教师评价体系建设提供参考。

5.4.4.1　构建"一干两支"薪酬体系，提升教师薪酬在同类高校中的竞争力

薪酬体系经历了四个阶段的演进。一是最初的工资体系由"岗位工资+院龄津贴"构成，在工资体系中考虑了员工的忠诚度，设立了院龄津贴；二是对于同一层级人员，根据其对学校的贡献程度，为提升档次，设立了"薪级工资"，随后工资体系逐步转变为"岗位工资+薪级工资+院龄津贴+基础绩效"模式，其中基础绩效占教师总收入的 20%左右；三是有效激励为学校发展做出突出贡献的个人和团体，面向全校教职工的 50%～70%，

设置"竞争性绩效",并根据学校每年事业发展实际情况实施动态调整;四是逐步试点"竞争性薪酬",用于奖励围绕学校阶段性目标做出突出贡献的人员(全校教职工 10%~15%),按照贡献度大小,增加年收入(净增 5~35 万),使其年工资总收入在重庆具有明显的竞争力。最终形成"一干两支"薪酬体系(即基本工资体系为主干,竞争性绩效和竞争性薪酬为两个支干),实现由传统模式到注重与学校发展需要的实绩相结合的渐进改革,着力使重庆财经学院薪酬在重庆市同类高校中具有明显竞争力。

5.4.4.2 构建三大类职称评价改革,打通三支队伍职称晋升渠道

(1)构建了与学校办学目标、办学定位、阶段性任务相契合的教师职称分类评价机制

根据学校应用型本科高校的定位,以教师发展为导向,系统推进分类分层评价改革,学校将教师评价制度改革与学校办学目标、办学定位相契合,紧密围绕"顺利通过本科合格评估""整合资源达硕士学位授权单位条件""成功升格为大学"三大任务,充分考虑教师个人特长优势,在高校教师序列方面,职称改革主要变化有以下几点:

一是关于教学基本条件,调整教学工作量及效果评价要求,根据上级文件要求,结合学校实际,提高了教学工作量基本要求,明确了教学效果评价标准,体现不同类型的差异。

二是教学业绩。梳理和完善了教学成果种类,制定了教学类成果等级认定标准,将所有成果根据难易程度进行 A、B、C、D 等级,激励教师多出与学校发展需要的成果;增加了育人成效(即指导学生取得的各类成果)基本要求;其中主要对教学型进行了较多调整,教学业绩形成注重教学成效、教学和科研融通思路,同等级项目和论文可互相冲抵。

三是科研业绩条件方面:①提出基本成果+代表性成果模式,科研业绩成果以质量为导向;②立足学校发展需要,统一以 A、B、C、D 级科研成果为依据,将智库成果、专著等纳入成果体系,转变成果以论文为主要业绩的单一模式;③结合职称评审改革,科研业绩认定、教学型教师科研工作量进行了同步调整。

四是非高校教师职称和专业技术人员职业资格的职称认定条件方面。结合目前实际,进行了优化调整,包括认定时间由 1 年调整为 2 年,教学科研业绩条件从可操作性和合理性方面进行了优化调整。

（2）构建了与辅导员岗位要求相匹配的职称评价体系

在辅导员职称评价指标的设定上，紧密围绕教育部43号令的要求，注重对学生思想引领的效果、学生思想政治教育理论水平、工作实绩相结合，引导辅导员专心做好学生思想政治工作，促进辅导员队伍的"专业化"和"职业化"。主要调整内容：一是破除了专职辅导员才能参评的限定，将符合条件的兼职辅导员纳入，鼓励优秀的兼职辅导员进入该系列评比；二是破除了辅导员工作量认定的局限性，新增设立了心理咨询、新生入学教育、主题班会等思想政治教育专项工作可纳入工作量计算的规定。三是破除了工作业绩面面俱到，重点不突出的情况，设立了"精专"的业绩条件，即必须与辅导员专业化工作内容和荣誉表彰体系紧密相关的成果方作为可选工作业绩条件；四是破除了唯论文论的科研刚性要求，新增设立了具有代表性、权威性、辐射性的网络思政育人成果可以认同为高水平科研能力的规定。

（3）设置了教育管理研究序列职称评价体系

对于在本岗位上理论水平高、个人业务能力突出的行政管理人员，重点考察其对学校或部门工作做出突出贡献，或参与学校重大事项或专项的贡献度，以及服务对象评价等构建职称评价体系，从而提升行政管理能力和服务水平，贯彻落实"三全育人"的理念。

5.4.4.3　深入推进绩效考核改革，支撑"一干两支"薪酬体系

重庆财经学院围绕绩效薪酬深化改革、深挖潜力、深入创新，为形成绩效工资考核体系不断改革创新，支撑"一干两支"薪酬体系（以基本工资为主干，竞争性绩效和竞争性薪酬为两个支干）。

（1）设置"四维度"基础绩效考核机制

考核模式由传统模式向创新模式蜕变，退出和淘汰机制由探索向规范化转变。一是基础绩效实施四维度考核。专职教师按师德师风、教学、科研、服务四维度进行考核并且下放二级学院，在学校指导考核实施意见下自行设置二级学院基础绩效考核办法，自行考核、自行分配、自行定级；专职辅导员按师德师风、基本工作、学生评价、学院服务四维度进行考核；中层干部实施360度考核评价；教学秘书按师德师风、服务质量、服务人数、二级学院评价四维度由教务处牵头完成考核；科级及以下人员由各二级部门按师德师风、忠诚度、业绩、创新四维度进行考核。二是基础绩效考核严格执行淘汰退出机制。凡在四维度考核中有一项不合格则当年

考核结果为"基本称职"，且在四维度考核中必须量化考核指标，按四维度考核总分进行强制排名，教职员工连续两年基础绩效考核结果为"基本称职"，学校根据劳动合同和岗位聘任协议可提出转岗、解聘、不聘。

（2）分类型设置竞争性绩效考核机制

一是竞争性绩效按照6项并行激励机制。按照《重庆财经学院竞争性绩效指导方案》的要求，下设专职教师+专职辅导员+中层干部+科级及以下人员+专项竞争性绩效+单项竞争性绩效6个实施细则。从多维度激励在学校建设中做出突出和重大贡献人员。二是个人竞争性绩效设置师德师风一票否决制，实施同类人员全校拉通量化排名制。专职教师分教学型、教学科研型、科研型进行全校拉通排名，根据量化排名按当年学校确定的百分比进行筛选并实施并差异化奖励；专职辅导员、中层干部、行政教辅人员按照各序列竞争性绩效考核拉通排名后分配竞争性绩效；专项竞争性绩效专门用于奖励当年在学校各项建设事业中做出突出贡献的团队和个人；单项和团队竞争性绩效主要用于奖励当年二级单位考核优秀的部门。

（3）以实现学校中长期目标急需的显性成果为导向的竞争性薪酬考核机制

一是与学校中长期目标任务需要相契合。在保持学校现有薪酬结构不变的前提下，在学校发展战略目标引导下，对于围绕学校本科合格评估及硕士学位授权单位建设等阶段性目标，做出突出贡献者，按照贡献度大小，显著增加年工资收入，使其年总收入具备明显的竞争力。二是面向四类人群进行激励。竞争性薪酬发放类型分为高学历、高职称、高管理、高业绩4个类型，特别优秀、优秀、良好3个等级。在4个类型的基础上，按照任务类型分为学科（重点建设学科带头人、专业硕士点负责人、核心学术骨干）、专业（国家级一流专业培育负责人、市级一流专业负责人、市级一流专业培育负责人）、课程（国家级一流课程培育负责人、市级一流课程负责人、市级一流课程培育负责人）、管理服务（校级领导、重要管理骨干、管理骨干）形成4大任务类型和12个任务层级。三是定期考核与定期淘汰增补相结合。符合各类型评选准入条件且根据学校发布的任务列表，自领任务，经校长办公会审定，理事会批准特别单项预算后，享受薪酬待遇。根据成果的月度、中期、期末考核，对人员进行淘汰增补。

综上所述，通过以上三大举措，构建起了薪酬（在重庆具有明显竞争力）、职称（与学校中长期目标任务高度契合的成果导向型三大职称体系）、绩效（按劳分配、多劳多得、优劳优酬）设置、考核、应用的互相支撑、互相促进、互为犄角的"正三角形"评价体系（具体参见图5-5）。

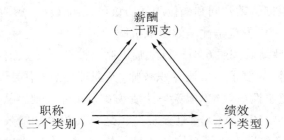

图 5-5 "正三角形"教师评价体系

［说明：通过构建"一干两支"薪酬体系，实现重庆市同类高校中具有明显竞争力的高薪酬，激励教师取得高职称和高绩效；通过打通三个类别（专职教师、专职辅导员、行政服务人员）的职称晋升渠道，促使教师努力争取高职称，取得高绩效，获得高薪酬；通过设置三个类型（基础绩效、竞争性绩效、竞争性薪酬）的绩效考核机制，激励教师努力争取高绩效，从而获得高职称和高薪酬］

5.5 重庆财经学院师资队伍建设存在的问题

重庆财经学院师资队伍建设虽取得了一定的成绩，但是，在当前高等教育快速发展、高校间竞争日趋激烈的新形势下，民办院校面临着转型、转设、转层的重要机遇期。深入分析学校师资队伍的发展现状，以下几个方面还与学校发展目标不相适应：

5.5.1 缺乏系统性的人才队伍建设制度

制度建设是关系各项事业发展的全局性、稳定性、长期性的根本问题。师资队伍建设是做人的工作，更需要加强制度建设把方向、聚合力、促发展、保落实。

学校现有的人才体制机制没有形成闭环，相互衔接远远不足，有的甚至存在矛盾和脱节现象，人才制度和政策的规范性亟待改善。学校还没有构建起完整的人才引进、培养、使用、评价、激励、保障机制。就人才引进来说，我们总是把工作的重点放在学校层面，没有建立起学校、学院、学科带头人等各个层面共同分担、分工负责的工作机制，难以形成合力。就人才培养来说，我们还没有建立起有利于人才成长与发展的工作机制，尤其是高层次人才的培育机制。在职称评定、岗位聘任、业绩考核等方面缺乏大胆有效的探索和实践。就人才管理来说，对于不同类型的人才，尚缺乏分类、分层次的管理机制。各种人才都能施展各自才华、发挥各自作用的局面没有形成。特别是多样化、个性化的，有助于人才成长与发展的事业平台还不够完善。面对人才竞争日益激烈的局面，学校的政策支持和经费投入的力度都还应进一步加大。

5.5.2 与办学目标相契合的高水平人才梯队尚未成型

学校目前还缺少立足长远发展和以"梯度建设人才队伍"出发的人才引进培养战略。高层次拔尖人才、青年拔尖人才和创新团队的建设与学校的发展定位和目标还存在很大距离，影响和制约了学校的可持续发展。其中，高层次领军人才、学术大师和顶尖的学术带头人极为缺乏，为学校的转型升级、开展创新教育、创新研究带来很大困难，特别是严重影响了创新人才的引进。过去 5 年在团队建设方面学校虽然取得了一定的成绩，但与学校"十三五"发展规划制定目标相差甚远，从高水平人才整体状况看，学校不仅高层次拔尖人才、青年拔尖人才不多，而且中青年骨干教师数量不足，成长缓慢。一些学科，甚至是学校重点学科，存在高水平创新人才"青黄不接"的潜在危险。高水平人才梯队没有形成，阻碍了学校教学和科研水平的提高。

5.5.3 与办学定位相适应的人才队伍结构需要加快优化

近年来学校教师规模发展很快，基本满足了学校发展的需求，但教师队伍结构还不尽合理，尚需进一步优化。一是年龄结构问题，该校 40 岁以下教师占比 70% 以上，专任教师平均年龄仅为 36.4 岁，年龄结构过于年轻化，造成学校教学水平提高、队伍的培养压力巨大；二是性别结构问题，学校男女教师性别比为 1：2.5，教师的性别比例结构需进一步优化；三是学历结构问题，博士研究生教师占比 7.92%，高学历占比不足 10%，这对学校未来转型升级是一大挑战；四是职称结构问题，学校的高级职称占比虽然发展较快，但主要是从特聘和返聘来补充的结构，自有高职称师资队伍仍较欠缺，职称结构还需调整；五是学缘结构问题，就学缘结构看，主要还是以重庆、四川两地高校为主，尚未形成多样化的人才引进渠道。尽管近几年已经初步改变了教师的来源结构，但并未彻底改变教师系统内循环的状态。这种状况制约了学科交叉和渗透，不利于学科的发展和活跃学术思想，影响了教师交流互动和综合素质的提高。六是学科专业结构问题。经过两年的建设，重点学科建设虽取得了一些成绩，但总体情况不容乐观。各重点学科及相关特色研究方向的综合科研生产力较低、特色不鲜明，高层次人才、高水平论文、高层次项目提升缓慢，科研平台、人才培养、经费情况、合作交流均未明显改善。学科基础薄弱的局面未根本扭转。七是具有海外背景的高层次教师数量较少，具有海外硕士研究生背景的比例为 10.7%，国际化师资整体水平偏低，对国际化战略认识意识不足。近五年，虽然该校为适应国际化办学需要，加大了教师派出交流和海外引进力度，但与其他院校相比，差距甚大，数量较少，学校的国际化战略实施亟待进一步加强。

5.5.4 为教职工特别是高层次人才提供的支持严重不足

近年来学校对师资队伍建设投入显著增加，但受学校资源限制，整体校园文化氛围、工作制度平台等软环境建设不到位，人才的保障措施跟国内部分高校相比，还存在明显差距。学校对教师队伍的规范化管理方法尚需要进一步提升，在解决青年人才待遇、减轻青年人才压力方面做得还不够到位，指导教师归属感有待提高。校院两级在支撑教师成长的激励办法与环境上仍有较大改善空间，对青年教师职业发展规划指导和帮助不足，针对人才创新的奖励渠道还明显欠缺，对于教师成长的激励制度也有待完善，为激发各类人才干事创业的服务管理能力及水平需要尽快提升。

6 规范和发展新时代民办高校师资队伍的对策建议

6.1 坚持党建引领，筑牢思想根基，充分发挥民办高校党组织战斗堡垒作用

新时代新征程，民办高校要充分发挥党的独特优势，汇聚优秀人才，强化思想引领，充分发挥政治优势、理论优势、组织优势、联系群众的优势。学校要加快建设为具有地方特色、全国一流大学和优势学科的应用型民办高校。

6.1.1 充分发挥政治优势，坚持和加强党建引领

习近平总书记强调："办好中国的事情，关键在党。"新时代新征程，民办高校要聚焦人才引领，加强对人才工作的政治引领，不断完善党管人才的领导体制机制，健全党委统一领导，组织部门牵头抓总，职能部门各司其职、密切配合，院系主动作为，全校广泛参与的人才工作格局，不断提高各部门抓人才工作的积极性和主动性，确保高校教师队伍坚持正确政治方向，坚定理想信念，主动担负起时代赋予的使命责任。要聚焦人才培养，紧紧围绕"培养什么人、怎样培养人、为谁培养人"这一教育的根本问题，始终牢记"为党育人、为国育才"的重大使命，重视人才自主培养，提高人才供给的自主可控能力，民办高校要充分发挥培养应用型、技术技能型人才的主力军作用，全方位谋划应用型学科人才培养，更加重视科学精神、创新能力、批判性思维的培养教育。要聚焦人才引导，引导各类人才把握"两个大局"、坚持"四个面向""四个服务"，根据国家发展

的急迫需要和长远需求，敢于提出新理论、开辟新领域、探索新路径，多出战略性、关键性重大科技成果，不断攻克"卡脖子"关键核心技术，不断向科学技术广度和深度进军，把论文"写"在祖国大地上，把科技成果应用在实现社会主义现代化的伟大事业中。

6.1.2 充分发挥理论优势，用党的创新理论指导人才工作实践

党的十八大以来，以习近平同志为核心的党中央深刻回答了为什么建设人才强国、什么是人才强国、怎样建设人才强国的重大理论和实践问题，不断深化人才事业发展的规律性认识，创造性地提出以"八个坚持"为主要内容的人才工作新理念新战略新举措。新时代新征程，民办高校要用"人才理论"统一思想，明确民办高校人才工作的根本保证、重大战略、目标方向、重点任务、重要保障、基本要求、社会条件、精神引领和思想保证等，切实把民办高校人才工作统一到党和国家关于人才强国的战略部署上；要用人才理论指导实践，全面落实中央人才工作会议精神，始终坚持人才引领发展的战略地位，把人才工作摆在更加重要的位置，坚定不移地实施人才强校战略；要用人才理论引领未来，把人才力量作为重中之重来抓，营造识才、爱才、敬才、用才的良好氛围，全方位培养、引进、用好人才，充分释放人才活力，发挥民办高校人才汇聚、人才培养的独特优势，建设人才中心和创新高地。

6.1.3 充分发挥组织优势，完善全方位全链条人才工作体系

注重加强党的组织建设是马克思主义政党区别于其他政党的显著特点，也是我们党在百年奋斗历程中赓续传承的优良传统和突出优势。新时代新征程，民办高校要进一步加强组织体系建设，不断提升基层党组织力量，形成学校党委、院系党组织、党支部层层抓人才的工作合力，推进党建工作与人才工作的深度融合，培育党建、学术"双带头人"，积极探索"高层次人才+支部""科研平台+支部"等模式，切实将党的政治优势转化为人才工作优势，使民办高校各方面人才能够自觉做到思想上认同组织、政治上依靠组织、工作上服从组织、感情上信赖组织。

6.1.4 充分发挥联系群众的优势，营造做好人才工作的浓厚氛围

作为党的生命线和一切工作的根本路线，群众路线是我们党永葆青春

活力和战斗力的重要传家宝，承载着中国共产党的初心使命、价值追求、哲学思想等丰富内涵。新时代新征程，民办高校做好人才工作，要主动搭建人才沟通机制，充分发挥基层党组织战斗堡垒作用和党员先锋模范带头作用，全方位支持人才、帮助人才，密切思想联系和感情交流，切实关心关爱人才，了解人才的想法和需求，广泛收集意见建议，及时调整优化各项工作，帮助解决实际困难，消除后顾之忧，努力为人才成长、发展创造良好环境。

6.2　优化引培体系，激发教师活力，不断培育新时代民办高校"四有"好老师

近年来，民办高校大规模扩招，使生源结构发生了巨大变化，生源质量参差不齐。面对这种现象，如何办好民办高等教育，是摆在民办高校面前的新问题。因此，优化师资引培体系，引领广大教师既做"经师"，更为"人师"，不断培育新时代民办高校"四有"好老师，才能促进民办高等教育的高质量发展。

6.2.1　不断优化人才工作体系，努力建设一支"四有"高素质的人才队伍

进一步优化人才工作体系，坚持引育并举，实行更加积极、更加开放、更加有效的人才引进政策，以识才的慧眼、爱才的诚意、用才的胆识、容才的雅量、聚才的良方，着力把国内和国外各方面优秀人才集聚到学校事业发展中来。健全人才培育政策体系，着力培育青年人才，营造有利于人才脱颖而出的良好环境。加大"筑巢引凤"力度，创造人才心无旁骛投入教学科研工作的条件，聚焦"大平台、大团队、大项目、大成果"，以国家级人才计划为牵引，聚焦"高精尖缺"，加强高层次人才队伍建设，培养高层次复合型人才，加快建立以创新价值、能力、贡献为导向的人才评价体系，打造优秀人才脱颖而出的制度环境，努力建设一支"四有"高素质的人才队伍。

6.2.2　不断增强服务人才能力，构建人才服务统筹协调体系

充分发挥民办高校教学科研单位作为用人主体的主观能动性，加强人

才的团结引领服务，加强校地协同，积极融入地方的人才中心、创新高地建设工作，打造"一站式"人才服务平台，完善各类人才在薪酬、住房、医疗、养老、子女教育等方面的保障措施，以更有力的制度安排吸引人才、留住人才。要积极营造人才工作氛围，大力营造尊重劳动、尊重知识、尊重人才、尊重创造浓厚氛围，尊重教育规律、学术规律和人才成长规律，为科研人员减负、放权、赋能，充分释放创新动能，加大先进典型宣传、表彰力度，努力形成人人渴望成才、人人努力成才、人人皆可成才、人人尽展其才的生动局面。

6.2.3　不断优化教师评价体系，充分发挥民办高校体制机制优势

民办高校教师评价体系的构建遵循高等教育发展规律，要与学校办学目标相适应，利用民办高校体制机制相较于公办高校灵活的优势，以"按劳分配，多劳多得"为基本原则，通过"薪酬"和"职称"两大指挥棒，建立起较为科学、合理的教师评价体系，以此作为民办高校师资队伍建设的基本保障。一是以激励为重要抓手。强调教职工对学校的忠诚度、投入度、贡献度，通过设置科学的目标导向考核机制，实施差异化激励薪酬体制，激励先进、突出贡献、奖励模范。坚持效率优先、兼顾公平，重实绩、重贡献，向关键岗位和优秀人才倾斜，对做出突出贡献的优秀人才给予特殊奖励。二是以评价为重要手段。实施分类分层评价制度改革，不断完善人才评价体系，构建与薪酬体系相匹配的分类分层分档分级分绩效的"五分法"的教师评价指标体系，在评价内容上，既注重学术评价，也注重育人评价；在评价重点上，突出创新创造，包括教学创新、思想创新、理论创新和技术创新，聚焦代表性工作和代表性成果，实行代表性成果评价，激励广大教师潜心育人、潜心研究，勇于创新、追求卓越。因此，民办高校着力提升绩效薪酬的激励效果，提高教职工的工作满意度、工作积极性，实施分类分层评价制度改革，不断挖掘教职工内在潜力，才能充分发挥民办高校体制机制灵活优势，才能更好地引进、稳定和激励各类优秀人才及团队，实现教师和学校融合发展，同时为民办高校师资队伍建设和薪酬体制建设做出贡献。

6.3 强化政策保障，健全扶助体系，助推民办高校高质量师资队伍建设

民办高等教育作为高等教育的重要组成部分，在发挥高等教育功能、建设高等教育强国、办好人民满意的教育方面起到了重要作用。加强高等教育强国建设，既要强化公办高校"双一流"和"双高"建设，也应推动民办高校高质量发展。在分类管理的大背景下，无论是营利性还是非营利性，教育公益性都是两类民办高校的基本办学原则，高质量发展则是民办高校教育公益性的最大公约数。国家相关部门应在财政资金支持、学生资助政策等方面采取一系列措施支持民办高等教育发展，同时重视维护民办高等教育与公办高等教育的平等地位，进一步提升民办高校的师资水平和人才培养质量，提高民办高等教育的社会认可度，助推民办高校高质量师资队伍的建设。

6.3.1 持续完善办学体制机制，提升民办高校办学层次

民办高等教育是社会主义教育事业中重要的组成部分，也是促进教育改革，推动社会经济发展的重要力量。因此，政府应从宏观角度进行民办高等教育的管理，深化推进民办高等教育办学体制改革，鼓励支持民办高等教育开展多元化投资办学渠道，加大对民办高校的支持，针对民办教育的相关政策及当地的民办高等教育发展状况，出台具体扶持政策，加快促进，不断提升当地民办高等教育办学质量。同时，鼓励优质民办高校招收专硕教师，提升其办学层次。建议国家有关部门动态遴选更多在培养模式、产教融合等方面具有优势特色的优质民办高校，灵活把握人员结构、师均科研经费等专业硕士招生资格准入条件，鼓励其结合产业需求扩大专硕等高层次应用人才培养规模，通过提升优质民办高校办学层次，带动和提高民办高校整体办学水平，以提升民办高校师资个人发展空间，促进民办高校师资稳定性的提升。

6.3.2 健全师资扶助政策体系，保障民办高校师资待遇

建设高质量师资队伍是提高民办高等教育质量，推动民办高等教育高

质量发展的重要措施之一。对此，政府应大力支持民办高等教育的发展，遵循同等待遇的原则，按照分类管理的方式，立足实际，落实民办高等教育的扶持政策，给予民办高校财政方面的支持，政策优惠以及师资队伍建设的支持，促进民办高等教育健康发展。一是政府应根据民办高校的教育发展规模，结合公办学校经费的拨款水平，依照国家法律法规设立民办高等教育高质量发展的专项资金，安排生均教育经费，出台保障民办高校教师权益待遇的具体政策，通过给予民办高等教育教师科研经费、发展经费等形式，对民办高校提供公共财政服务；二是以财政资金合理分担民办高校教师社会保障经费，对民办高校引进的与当地核心产业发展密切相关且高度紧缺的高层次人才，当地政府也给予一定的人才引进费用，并加大在子女入学、税收减免等方面政策的支持；三是一定程度解决人才福利公平问题。政府支持民办高校与公办高校高层次人才同样享受公费体检、休假等方面福利。通过健全师资扶助体系政策，优化师资人才资源，推动民办高校高质量师资队伍的建设，以此促进推动民办高校的建设与可持续发展。

6.3.3　促进教育资源合理配置，拓展民办高校师资队伍晋升渠道

针对民办高等教育的发展现状，建议政府围绕国家教育发展战略，社会产业及技术变革的趋势，明确定位民办高等教育的发展方向，结合当前社会发展趋势与市场对人才的需求，对民办高校的人才培养计划及专业转型与发展提出指导建议。政府应将公办院校与民办院校在教育资源方面同等对待，除给予资金支持外，还应合理分配师资，可针对民办高校教师薪资待遇及晋升途径完善奖励激励制度，提供民办高校拓展教师职称职务等个人发展空间的政策支持，解除教师后顾之忧，促进师资队伍相对稳定。同时，鼓励公办高校选派优秀师资到民办学校挂职、任教，带动民办高校建设高水平师资队伍，促进教育资源科学合理配置，促使民办高校师资力量不断优化。

6.4　立足分类发展，实施人才计划，建设民办高校一流师资队伍

民办高校应全面贯彻党的教育方针，落实立德树人根本任务，全方位

落实"新时代高教 40 条",全力推动高等教育"质量革命",紧密围绕"应用技术型+特色性"的分类发展定位,加大经费投入,改善办学条件,加强人才队伍建设,深化教育教学改革,落实"学生中心、产出导向、持续改善"的理念,不断提升人才培养质量,实施高层次人才建设计划、"双师型"教师建设计划、高水平国际化师资建设计划等三大计划,建设符合特色性应用技术型高校发展的一流师资队伍。

6.4.1 实施高层次人才建设计划,汇聚高层次人才和学术领军人才

6.4.1.1 不断强化顶层设计,持续完善制度供给

部分民办高校之所以长期处于师资力量薄弱、教师队伍素质参差不齐的不利局面,根本原因正是对教师队伍建设规范不力,未能形成高度系统性的人才培养体系及机制。因此,新时期民办高校加强教师队伍建设首先需要不断强化顶层设计,持续完善制度供给。如应尽快制定高度明确的"双师型"人才队伍培养机制。民办高校的生存与发展更多需要立足于市场需求,也就是要更加顺应用人单位对实用型技能人才的现实需要。这既是民办高校争取市场竞争主动权的切入点,也是通过差异化竞争赢得更大发展空间的根本手段。因此,无论是选择新教师还是培养老教师,民办高校都需要提供足够清楚和明确的"双师"要求,要在学校人才培养机制与规则的高度强调"双师型"教师的重要性。例如,应在学校规章制度体系中强化"双师型"人才引进和培养的基本原则;同时结合现有教师队伍特点及未来发展要求制定中长期培养规划,其中的重点就是教师的实践能力与职业操作水平养成;突出应用型教师的核心定位,并使其成为学校选贤任能的唯一标准;不断开拓"双师型"教师培养与选择渠道,包括积极争取更多政策优惠、与用人单位开展更加紧密的合作等。

应不断优化和完善"双师型"教师队伍监督、考核与评价制度。是否具有双师能力不能仅仅参考学历文凭或职业资格证书,而是要通过学生的动手能力、用人单位的满意度等更多维度加以证实。民办高校不仅需要定期考察在校学生理论联系实际的意识和水平,也要与用人单位保持长期的沟通交流,积极听取企业的反馈意见,从中发现现有教师队伍培养与建设的优势、不足、长处、短板,进而不断提升教师队伍建设的全面性、专业化、实用性。

6.4.1.2 立足学校学科发展,加大人才引培力度

民办高校应在学校重点建设学科专业领域,不断加大国内外相关领域

具有较大影响力的优秀人才数量，力求顶尖人才不为"我"所有，但为"我"所用。加强人才服务工作，不断培养国家级、省部级教学名师、学科带头人、学术技术带头人等高层次人才；建立优胜劣汰管理机制，不断完善高层次人才引培体系，强化博士后科研工作站等人才平台建设，按照"培养为主，注重引进"的基本原则，实施高层次人才建设计划，不断提高博士学位专任教师占比。引导部分自有师资逐步向"双师型"教师发展，持续优化师资比例，以自有教学科研型师资为主体，以"双师型"师资及外聘师资为两翼，构建"一体两翼"师资队伍。

6.4.2 实施"双师型"教师引培计划，加快提升师资队伍核心竞争力

6.4.2.1 多措并举培养"双师型"教师，引导教师向应用型转变

鼓励和支持教师围绕专业特长自主创业；鼓励和支持教师根据课程教学等人才培养环节的应用能力要求，深入企业挂职锻炼；鼓励和支持教师考取行业高级职称；通过产业学院合作企业，协议培养急需的"双师型"教师；深化职称改革、完善应用型师资职称评审体系，引导教师向应用型转变。

6.4.2.2 创造条件吸引行业精英，实现个人和团体融合发展

制定行业职称与教师职称的对等职称认定条件，确保行业企业精英的基本经济保障；支持行业企业精英按照属地政府"'双师型'教师"认定相关条件，申报"双师型"职称；继续探索"一课多师""团队化授课""行业师资工作室"等模式，支持行业企业精英参与人才培养；完善"双师型"教师考核办法，促进行业企业精英充分发挥从业优势，实现个人和团体的共同发展。

6.4.2.3 构建师资团队化发展模式，充分发挥理论和实操特长

紧密围绕人才培养、科学研究、社会服务的需要，充分发挥学术型师资的理论研究特长和"双师型"师资行业实操特长，组建团队、融合发展，服务于人才培养，合作开展科学研究，构建校内和企业（行业）师资团队，提升社会服务能力和人才培养质量。

6.4.3 实施国际化师资团队建设计划，全力提升教师队伍整体水平

6.4.3.1 提升教师国际语言水平，持续拓展师资来源渠道

逐步拓展境外博士培养项目，提升教师国际化语言水平，在办好境外

高校博士项目的基础上，着力提升取得境外博士学位的师资数量，以国际化支撑高水平师资队伍建设。通过持续的、多途径国际化师资引进政策，吸引有境外留学、访学交流等背景的优秀人才到民办高校从事教学和科研工作。

6.4.3.2　搭建教师境外研修平台，促进教师学术水平提升

注重在境外聘请知名兼职、客座教授，定期来校做学术讲座、短期讲学或指导工作，促进教师学术水平的提高。注重与国外知名院校合作培养人才，充分挖掘各院校人才的潜力，实现人才资源共享。通过国际化，优先支持有条件开设全英文课程、"双语"课程的教师进行海外研修。

参考文献

一、经典著作类

[1] 中共中央马克思恩格斯列宁斯大林. 马克思恩格斯选集（第1、2、4卷）[M]. 北京：人民出版社，2012.

[2] 中共中央马克思恩格斯列宁斯大林. 列宁选集（第2、3卷）[M]. 北京：人民出版社，2012.

[3] 毛泽东. 毛泽东选集（第1、2、3卷）[M]. 北京：人民出版社，1991.

[4] 中共中央文献研究室. 毛泽东文集（第7卷）[M]. 北京：人民出版社，1999.

[5] 中共中央文献编辑委员会. 邓小平文选（第1、2卷）[M]. 北京：人民出版社，1994.

[6] 中共中央文献编辑委员会. 邓小平文选（第3卷）[M]. 北京：人民出版社，1993.

[7] 中共中央文献编辑委员会. 江泽民文选（第1、2卷）[M]. 北京：人民出版社，2006.

[8] 中共中央文献编辑委员会. 胡锦涛文选（第3卷）[M]. 北京：人民出版社，2016.

二、重要文献类

[1] 习近平主持召开学校思想政治理论课教师座谈会强调 用新时代中国特色社会主义思想铸魂育人 贯彻党的教育方针落实立德树人根本任务 [N]. 人民日报，2018-03-19（5）.

[2] 习近平. 在北京大学师生座谈会上的讲话 [M]. 北京：人民出版社，2018.

［3］习近平. 在纪念马克思诞辰 200 周年大会上的讲话［M］. 北京：人民出版社，2018.

［4］习近平在全国教育大会上强调 坚持中国特色社会主义教育发展道路 培养德智体美全面发展的社会主义建设者和接班人［N］. 人民日报，2018-09-11（10）.

［5］习近平在全国宣传思想工作会议上强调 举旗帜聚民心育新人兴文化展形象 更好完成新形势下宣传思想工作使命任务［N］. 人民日报，2018-08-23（9）.

［6］习近平在全国组织工作会议上强调 切实贯彻落实新时代党的组织路线 全党努力把党建设得更加坚强有力［N］. 人民日报，2018-07-05（8）.

［7］习近平在同团中央新一届领导班子成员集体谈话时强调 代表广大青年赢得广大青年依靠广大青年 让广大青年敢于有梦勇于追梦勤于圆梦［N］. 人民日报，2018-07-03（7）.

［8］习近平在学习贯彻党的十九大精神研讨班开班仪式上发表重要讲话强调 以时不待我只争朝夕的精神投入工作 开创新时代中国特色社会主义事业新局面［N］. 人民日报，2018-01-06（2）.

［9］习近平. 决胜全面建成小康社会夺取新时代中国特色社会主义伟大胜利：在中国共产党第十九次全国代表大会上的报告［N］. 人民日报，2017-10-28（1）.

［10］习近平在看望参加政协会议的民进、农工党、九三学社委员时强调：我国广大知识分子要主动担当积极作为 为国家富强民族振兴人民幸福多作贡献［N］. 人民日报，2017-03-05（8）.

［11］习近平. 在哲学社会科学工作座谈会上的讲话［M］. 北京：人民出版社，2016.

［12］习近平. 在庆祝中国共产党成立 95 周年大会上的讲话［M］. 北京：人民出版社，2016.

［13］习近平. 在知识分子、劳动模范、青年代表座谈会上的讲话［M］. 北京：人民出版社，2016.

［14］习近平在全国高校思想政治工作会议上强调 把思想政治工作贯穿教育教学全过程 开创我国高等教育事业发展新局面［N］. 人民日报，2016-12-09（6）.

[15] 习近平. 全面贯彻落实党的教育方针努力把我国基础教育越办越好 [N]. 人民日报, 2016-09-10 (1).

[16] 习近平致信祝贺清华大学建校105周年强调 办好高等教育事关国家发展民族未来 [N]. 人民日报, 2016-04-23 (6).

[17] 习近平在视察国防大学时强调围绕实现强军目标推进军队院校改革创新为实现中国梦强军梦提供人才和智力支持 [N]. 人民日报, 2016-03-24 (2).

[18] 习近平给"国培计划（2014）"北京师范大学贵州研修班参训教师回信 [N]. 人民日报, 2015-09-10 (10).

[19] 习近平. 做党和人民满意的好老师：同北京师范大学师生代表座谈时的讲话 [M]. 北京：人民出版社, 2014.

[20] 习近平. 青年要自觉践行社会主义核心价值观：在北京大学师生座谈会上的讲话 [M]. 北京：人民出版社, 2014.

[21] 习近平在联合国教科文组织总部发表演讲强调让中华文明同世界丰富多彩的文明一道为人类提供正确的精神指引和强大的精神动力 [N]. 人民日报, 2014-03-28 (2).

[22] 习近平向全国广大教师致慰问信 [N]. 人民日报, 2013-09-10 (2).

三、理论著作类

[1]《十谈》编写组. 加强和改进新形势下高校思想政治工作十谈 [M]. 北京：人民出版社, 2017.

[2]《思想政治教育学原理》编写组. 思想政治教育学原理（第二版）[M]. 北京：高等教育出版社, 2018.

[3] 黄蓉生，王华敏，崔健，等. 大学生思想政治教育改革创新研究 [M]. 北京：人民出版社, 2018.

[4] 黄蓉生. 改革开放以来大学生思想政治教育论纲 [M]. 北京：人民出版社, 2014.

[5] 黄蓉生. 教师职业道德新论 [M]. 北京：人民教育出版社, 2014.

[6] 许东波，谭顺. 高校思想政治理论课教师队伍发展报告（2014）[M]. 北京：高等教育出版社, 2016.

［7］田爱丽. 大学之道明德至善［M］. 北京：商务印书馆，2016.

［8］教育部思想政治工作司，周建华，吴海涛. 高校立德树人的理论探索与实践创新［M］. 北京：中国书籍出版社，2015.

［9］陈雪斌. 高校思想政治理论课青年教师队伍研究［M］. 桂林：广西师范大学出版社，2014.

［10］薛金莲. 高校思想政治理论课教师队伍建设纵论［M］. 吉林：吉林大学出版社，2014.

［11］赵光. 高校思想政治工作与辅导员队伍建设研究［M］. 黑龙江：黑龙江科学技术出版社，2014.

［12］梁君思. 高校青年教师专业发展问题研究［M］. 南昌：江西人民出版社，2013.

［13］王春龙，徐光兵. 提高大学生思想政治教育工作队伍素质研究［M］. 南昌：江西人民出版社，2012.

［14］艾四林. 思想政治理论课新体系与教师队伍建设研究［M］. 北京：清华大学出版社，2008.

［15］曾绍元. 高校师资队伍建设实践与研究［M］. 北京：中国人民大学出版社，2004.

［16］彭庆红. 失调与变革：高校学生思想政治工作队伍建设［M］. 北京：知识产权出版社，2004.

［17］冯卫东. 高校教师工作不安全感与敬业度和工作绩效关系研究［M］. 成都：西南财经大学出版社，2014.

［18］董克用. 人力资源管理概论（第五版）［M］. 北京：中国人民大学出版社，2022.

［19］雷蒙德·A. 诺伊. 人力资源管理：赢得竞争优势（第3版）［M］. 刘昕，译. 北京：中国人民大学出版社，2001.

［20］邢以群. 管理学（第二版）［M］. 杭州：浙江大学出版社，2005.

［21］安波，徐会吉. 民办高校师资队伍建设现状与对策研究［M］. 济南：山东人民出版社，2013.

［22］刘翠兰. 民办高校教师薪酬制度与薪酬激励研究［M］. 济南：山东大学出版社，2011.

［23］弗雷德里克·赫茨伯格. 赫茨伯格的双因素理论（修订版）［M］. 北京：中国人民大学出版社，2016.

四、学位论文类

［1］张艳. 高校教师思想政治教育研究［D］. 重庆：西南大学，2013.

［2］丁琴. 高校思想政治理论课教师队伍建设的研究：基于湖南省高校的调查［D］. 湘潭：湘潭大学，2016.

［3］陈小银. 民办高校师资队伍建设与管理研究：以北京民办 K 高校为例［D］. 北京：华北电力大学，2019.

［4］乔朋超. 云南省民办本科院校教师队伍建设研究［D］. 昆明：云南师范大学，2017.

［5］冷筱. 重庆市民办高校教师队伍建设问题及对策研究：以四所高校为例［D］. 重庆：重庆师范大学，2018.

［6］占莉萍. 民办本科高校师资队伍建设研究：基于江西某民办高校的实践［D］. 南昌：江西财经大学，2017.

［7］赵田英. 民办应用型本科院校"双师双能型"师资队伍建设研究：以南宁学院为例［D］. 南宁：广西大学，2016.

［8］杜敏青. G 工商学院师资队伍稳定性的个案研究［D］. 西宁：青海师范大学，2019.

［9］孙堃伦. 四川省应用型民办本科高校师资队伍建设研究：以四川 X 学院为例［D］. 昆明：云南师范大学，2019.

［10］周凯猛. 民办高校师资队伍建设问题探析与对策［D］. 苏州：苏州大学，2007.

［11］王存宏. 我国民办高校师资队伍的现状及建设方略研究［D］. 南京：河海大学，2008.

［12］张琪. 民办高校师资激励问题研究［D］. 太原：山西财经大学，2009.

五、学术论文类

［1］黄蓉生. 高校思想政治工作改革创新的"三因"要求论析［J］. 思想理论教育导刊，2017（10）：135-141.

［2］黄蓉生. 加强高校思想政治工作队伍建设［J］. 中国高校社会科学，2017（2）：20-26，156.

［3］黄蓉生，崔健. 坚持把立德树人作为中心环节［J］. 国家教育行政学院学报，2017（1）：9-14.

［4］黄蓉生. 坚定高校意识形态工作队伍的文化自信［J］. 文化软实力，2016（3）：36-40.

［5］黄蓉生，李栋宣. 高校思想政治理论课教师"四有特质"的时代论析［J］. 思想理论教育导刊，2015（12）：75-81.

［6］陈宝生. 在新时代全国高等学校本科教育工作会议上的讲话［J］. 中国高等教育，2018（8）.

［7］陈宝生. 在全国教育工作会议上的讲话［J］. 中国高等教育，2018（3）：4-10.

［8］陈宝生. 写好高等教育"奋进之笔"：在教育部直属高校工作咨询委员会第二十七次全体会议上的讲话［J］. 中国高等教育，2018（2）：14-22.

［9］陈宝生. 以习近平新时代中国特色社会主义思想为指导坚定不移办好中国特色社会主义教育［J］. 中国高等教育，2017（22）：4-5.

［10］魏士强. 切实提升高校思想政治工作科学化水平［N］. 中国教育报，2018-12-03（10）.

［11］冯刚，成黎明. 改革开放以来高校思想政治工作的实践与理论发展［J］. 思想理论教育，2018（10）：13-20.

［12］冯刚，房正. 把高校思想政治工作推向新高度［J］. 教育研究，2017，38（7）：29-36.

［13］冯刚. 增强高校思想政治工作的文化力量［J］. 思想理论教育，2017（7）：4-9.

［14］陈秉公. 学习习近平关于教育的重要论述探索高校立德树人创新体系［J］. 思想教育研究，2018（10）：10-13.

［15］郑永廷，林伯海. 教书育人规律及其遵循对策研究［J］. 思想教育研究，2017（6）：3-8.

［16］骆郁廷. 改革开放40年来高校思想政治理论课教师队伍建设的历史发展［J］. 思想理论教育导刊，2018（10）：16-24.

［17］沈壮海，董祥宾. 论新时代高校思想政治工作质量的提升［J］. 思想理论教育导刊，2018（8）：11-15，101.

［18］吴潜涛，于海. 习近平知识分子重要思想探析［J］. 思想理论教

育，2017（10）：39-44.

　　[19] 刘建军. 论师德师风建设的"四个统一" [J]. 中国高校社会科学，2017（2）：11-19，156.

　　[20] 佘双好. 关于整体推进思想政治理论课教师和辅导员队伍发展的思考 [J]. 学校党建与思想教育，2017（23）：22-26，43.

　　[21] 佘双好. 打好思想政治理论课教师队伍建设攻坚战 [N]. 中国教育报，2017-07-12（2）.

　　[22] 王永贵. 掌握高校思想政治工作主导权的现实思考 [J]. 思想理论教育，2017（4）：4-9.

　　[23] 王学俭，杨昌华. 立德树人：中国特色社会主义高校的立身之本 [J]. 新疆师范大学学报（哲学社会科学版），2018（1）：54-62，2.

　　[24] 康秀云. 习近平高校思想政治工作重要论述论纲 [J]. 东北师大学报（哲学社会科学版），2019（2）：28-34.

　　[25] 李琦. 高校教师思想政治工作的时代转向和路径优化 [J]. 思想教育研究，2019（1）：104-106.

　　[26] 曲玉梁. 统筹推进新时代高校教师队伍建设 [N]. 中国社会科学报，2018-12-9（6）.

　　[27] 郗厚军，康秀云. 习近平总书记关于高校教师思想政治工作论述的理论意涵、主要内容及基本特质 [J]. 思想理论教育，2018（12）：78-83.

　　[28] 杨子强，单文鹏. 新时代高校思想政治理论课教师队伍建设基本问题研究 [J]. 思想理论教育导刊，2018（11）：112-116.

　　[29] 管培俊. 建设高素质教师队伍关键在深化改革 [J]. 中国高等教育，2018（11）：6-8，30.

　　[30] 金丽馥. 新时代高校思想政治理论课教师教学能力提升策略探析 [J]. 思想理论教育导刊，2018（10）：103-106.

　　[31] 张小云. 新时代工匠精神与高校思政课教师队伍建设初探 [J]. 学校党建与思想教育，2018（12）：72-73，91.

　　[32] 张闯. 奋力开创新时代高校教师队伍建设新局面 [J]. 中国高等教育，2018（6）：20-22.

　　[33] 方明军. 改革开放40年中国高校教师发展政策回顾与反思 [J]. 湖南科技大学学报（社会科学版），2018（5）：129-136.

［34］李瑾瑜. 我国教师政策发展的新亮点及其实践意义［J］. 西北师大学报（社会科学版），2018（5）：87-95.

［35］李虹. 加强新时代高校思想政治理论课教师队伍建设的思考［J］. 思想理论教育导刊，2018（5）：111-115.

［36］王易，岳凤兰. 关于加强新时代高校思想政治理论课教师队伍建设的思考［J］. 思想理论教育，2018（5）：61-65.

［37］周朝成. 落实《民办教育促进法修正案》稳步推进民办教育分类管理［J］. 浙江树人大学学报（人文社会科学），2017（2）：25-29.

［38］徐绪卿. 关于贯彻落实《民办教育促进法修正案》五大热点问题的思考［J］. 浙江树人大学学报（人文社会科学），2017（6）：1-6.

［39］宋姝. 论民办学校的营利性改革［J］. 继续教育，2016（11）：59-61.

［40］韩忠春. 民办高校师资队伍建设问题研究［J］. 中国高教研究，2004（7）：63-64.

［41］张林凤，刘卫华. 内涵式发展视阈下民办高校师资人才建设研究［J］. 劳动保障世界，2019（24）：60.

［42］刘康生，罗军. 民办高校师资队伍建设的再思考［J］. 经济研究导刊，2016（2）：77-78.

［43］倪娟芝，沈天炜，姚鹏. 甘肃民办高校师资队伍现状与建设策略研究：以外部成因及对策为路径［J］. 甘肃社会科学，2010（4）：253-255.

［44］黎利云. 民办院校师资稳定理念与策略［J］. 湖南师范大学教育科学学报，2007（2）：92-95，120.

［45］景晓娜. 民办高校师资队伍现状及对策：以辽宁省为例［J］. 现代教育管理，2014（8）：71-74.

［46］杨晓谦，陆月华. 民办高校青年教师流失的成因与对策：以上海市某民办高校为例［J］. 武汉理工大学学报（社会科学版），2014（6）：1103-1106.

［47］张胤，武丽民. 高校教师可持续发展支持系统构建研究：基于教师发展理论的思考与设计［J］. 江苏高教，2017（5）：59-63.

［48］董家强. 美国私立高校师资队伍建设的经验与启示［J］. 河南农业，2019（27）：8-9.

[49] 柯文进，姜金秋. 世界一流大学的薪酬体系特征及启示：以美国5所一流大学为例 [J]. 中国高教研究，2014 (5)：20-25.

[50] 江善和，姚德勇，葛浩，等. 中德两国应用型本科高校师资队伍建设比较分析 [J]. 安庆师范大学学报（社会科学版），2017 (4)：132-136.

[51] 吕晓炜，时艳芳. 日本职业教育师资队伍建设的发展趋势及其启示 [J]. 教育教学论坛，2017 (27)：33-34.

[52] 张晶，张瑞，孟庆国. 韩国与日本职业教育师资队伍建设的比较与借鉴 [J]. 职业教育研究，2008 (1)：156-158.

[53] 吴雪. 基于应用型人才培养的民办高校辅导员队伍建设探索 [J]. 产业与科技论坛，2019 (5)：283-284.

[54] 杨真真. 民办高校辅导员队伍专业化发展路径思考 [J]. 教育教学论坛，2017 (32)：25-26.

[55] 石成玉. 民办高校辅导员队伍的现状调查与分析 [J]. 就业与保障，2020 (14)：128-129.

[56] 樊立君. 民办高校辅导员队伍的可持续发展研究 [J]. 中外企业家，2020 (16)：206-207.

[57] 许再佳，林燕霞. 浅析高校行政人员职业生涯的现实瓶颈与突破措施 [J]. 太原城市职业学院学报，2017 (1)：65-66.

[58] 刘玲. 民办高校行政人员职业倦怠研究 [J]. 教育教学论坛，2019 (27)：20-21.

[59] 詹映静. 浅析民办高校行政人员职业生涯发展 [J]. 中外企业家，2018 (3)：52-53.

[60] 胡希. 日本职业教育师资队伍建设引发的思考 [J]. 大视野，2019 (6)：52-58.

[61] 陈云萍，王爱芳. 基于迪尔模型的民办高校教师激励机制探讨 [J]. 中南林业科技大学学报，2009 (3)：200-203.

[62] 熊继承. 民办高校教师队伍建设的问题及对策 [J]. 当代教育论坛（校长教育研究），2008 (12)：103-105.

[63] 陈学飞. 美国高等教育的调节机制 [J]. 高等教育研究，1990 (4)：80-88.

[64] 王维坤，温涛. 民办高校师资队伍建设的问题与出路：以辽宁省

民办高校为例［J］．中国高教研究，2014（1）：75-78．

　　［65］黄水光．民办高校师资队伍建设研究［J］．广东技术师范学院学报，2014（3）：120-124．

　　［66］张晓旭．地方高校师资队伍建设与优化研究［J］．国家教育行政学院学报，2014（4）：38-42．

　　［67］王水泉．关于民办高校师资队伍建设的几点思考［J］．陕西师范大学学报（哲学社会科学版），2006（32）：197-199．

　　［68］杜鸿科，霍涌泉，刘少林，等．陕西省民办高校教师队伍建设调研报告［J］．大众商务：教育版（民办教育研究），2007（6）：10．

　　［69］陈兴德．从陕西看我国民办高等学校师资队伍建设［J］．西北大学学报（哲学社会科学版），2005（3）：78-83．

　　［70］赵联章．民办高校教师岗位聘任与考核制度体系研究［J］．大众商务：教育版（民办教育研究），2008（3）：8．

　　［71］李学强，暴海忠，苏彩．浅谈民办高校中青年教师薪酬制度建设［J］．宏观经济管理，2017（51）：111-112．

　　［72］高雪春，侯长林．SWOT分析法视域下西部应用转型高校师资队伍建设策略［J］．职教论坛，2018（1）：87-91．

　　［73］柯婧秋，石伟平．改革开放40年我国职业教育师资队伍建设的历史演进与未来展望［J］．中国职业技术教育，2018（21）：22-27．

　　［74］占莉萍．我国民办本科高校师资队伍建设的可视化分析［J］．科教导刊（下旬），2018（21）：60-62．

附录　调查问卷

一、重庆市民办高校师资队伍建设情况调查

1. 您的性别？［单选题］

选项	小计	比例	
A. 男	500		29.41%
B. 女	1 200		70.59%
本题有效填写人次	1 700		

2. 您的年龄？［单选题］

选项	小计	比例	
A. 35 岁及以下	1 160		68.24%
B. 36 至 45 岁	490		28.82%
C. 46 岁至 55 岁	40		2.35%
D. 56 至 60 岁	10		0.59%
E. 60 岁以上	0		0%
本题有效填写人次	1 700		

3. 您从事教师行业的工作年限？［单选题］

选项	小计	比例	
A. 三年及以下	500		29.41%
B. 三至五年（含五年）	330		19.41%
C. 五至十年（含十年）	400		23.53%

选项	小计	比例
D. 十年以上	470	27.65%
本题有效填写人次	1 700	

4. 您的最高学位？［单选题］

选项	小计	比例
A. 博士	20	1.18%
B. 硕士	1 340	78.82%
C. 本科	340	20%
本题有效填写人次	1 700	

5. 您的职称？［单选题］

选项	小计	比例
A. 无	390	22.94%
B. 初级	350	20.59%
C. 中级	850	50%
D. 副高级	110	6.47%
E. 正高级	0	0%
本题有效填写人次	1 700	

6. 您的工作岗位？［单选题］

选项	小计	比例
A. 教师岗位	1 310	77.06%
B. 辅导员岗位	150	8.82%
C. 行政岗位	240	14.12%
本题有效填写人次	1 700	

7. 您是否有提高自己学历学位的打算？［单选题］

选项	小计	比例	
A. 是	1 260		74.12%
B. 否	440		25.88%
本题有效填写人次	1 700		

8. 贵校给予您所在岗位的培训机会多吗？［单选题］

选项	小计	比例	
A. 非常少	380		22.35%
B. 较少	470		27.65%
C. 一般	680		40%
D. 非常多	140		8.24%
E. 很多	30		1.76%
本题有效填写人次	1 700		

9. 贵校的培训方式有哪些？［多选题］

选项	小计	比例	
A. 专题讲座	1 110		65.29%
B. 网络培训	1 010		59.41%
C. 研讨班	410		24.12%
D. 进修班	400		23.53%
E. 访问学者	310		18.24%
F. 其它	260		15.29%
本题有效填写人次	1 700		

10. 贵校对员工的职业生涯规划重视程度？［单选题］

选项	小计	比例	
A. 十分重视	130		7.65%
B. 比较重视	420		24.71%

选项	小计	比例
C. 一般	680	40%
D. 不重视	470	27.65%
本题有效填写人次	1 700	

11. 您对贵校的师德师风建设是否感到满意？〔单选题〕

选项	小计	比例
A. 不满意	110	6.47%
B. 较不满意	100	5.88%
C. 一般	510	30%
D. 较满意	640	37.65%
E. 满意	340	20%
本题有效填写人次	1 700	

12. 您认为您的工作是否具有挑战性？〔单选题〕

选项	小计	比例
A. 很有挑战性	320	18.82%
B. 较有挑战性	780	45.88%
C. 一般	500	29.41%
D. 没有挑战性	100	5.88%
本题有效填写人次	1 700	

13. 您对目前工作现状感到满意吗？〔单选题〕

选项	小计	比例
A. 不满意	230	13.53%
B. 较不满意	140	8.24%
C. 一般	650	38.24%
D. 较满意	540	31.76%

选项	小计	比例
E. 满意	140	8.24%
本题有效填写人次	1 700	

14. 您对学校举办的培训的内容及采用的培训方式是否满意？［单选题］

选项	小计	比例
A. 不满意	300	17.65%
B. 较不满意	220	12.94%
C. 一般	640	37.65%
D. 较满意	400	23.53%
E. 满意	140	8.24%
本题有效填写人次	1 700	

15. 您对学校制定的教职工的考核方式是否满意？［单选题］

选项	小计	比例
A. 不满意	240	14.12%
B. 较不满意	310	18.24%
C. 一般	750	44.12%
D. 较满意	280	16.47%
E. 满意	120	7.06%
本题有效填写人次	1 700	

16. 您对学校的师资管理是否满意？［单选题］

选项	小计	比例
A. 不满意	280	16.47%
B. 较不满意	200	11.76%
C. 一般	630	37.06%

选项	小计	比例
D. 较满意	480	28.24%
E. 满意	110	6.47%
本题有效填写人次	1 700	

17. 您对民办高校目前的职称评定方案是否满意？［单选题］

选项	小计	比例
A. 不满意	310	18.24%
B. 较不满意	250	14.71%
C. 一般	700	41.18%
D. 较满意	360	21.18%
E. 满意	80	4.71%
本题有效填写人次	1 700	

18. 您的税后月平均收入（实际发到工资卡上的金额）是？　　［单选题］

选项	小计	比例
A. 3 000 元以下	240	14.12%
B. 3 000–5 000 元	1 110	65.29%
C. 5 000–7 000 元	300	17.65%
D. 7 000 元以上	50	2.94%
本题有效填写人次	1 700